Wenn mein Baby zuviel weint

Bruce Taubman

Wenn mein Baby zuviel weint

Otto Maier Ravensburg

Sie haben sich dieses Buch gekauft, weil der hier behandelte Themenkreis Sie betrifft. Nach der Lektüre kennen Sie die tieferen Zusammenhänge und Beispiele zu deren Gestaltung. Natürlich ist es unmöglich, für jede denkbare Situation ein konkretes Lösungsmodell vorzustellen. Deshalb wollen wir Sie auch nicht allein lassen, wenn bei Ihnen eine spezielle Frage zu diesem Buch offengeblieben ist.

Unsere Lektorin Diplom-Sozialpädagogin Lorelies Scheiner ist gern bereit, Ihnen mit ihren Erfahrungen weiterzuhelfen oder Ihre Frage an die Autorin oder den Autor dieses Buches weiterzuleiten. Schreiben Sie ihr einfach.

Frau Lorelies Scheiner
Ravensburger Buchverlag – Redaktion Sachbuch
Marktstraße 22-26 – 7980 Ravensburg

Die Deutsche Bibliothek – Cip-Einheitsaufnahme

Taubman, Bruce:
Wenn mein Baby zuviel weint / Bruce Taubman.
(Aus dem Amerikan. übertr. von Thomas Gotterbarm). –
Ravensburg : Maier, 1993
Einheitssacht.: Curing infant colic „dt."
ISBN 3-473-42728-4

93 94 95 96   4 3 2 1

Die amerikanische Originalausgabe trägt den Titel „Curing Infant Colic.
The 7 Minute Program for Soothing the Fussy Baby" und erschien erstmals
1990 bei Bantam Books, New York.
© 1990 Bantam Books
Published by Arrangement with Author
All rights reserved

© der deutschsprachigen Ausgabe:
Ravensburger Buchverlag Otto Maier GmbH 1993
Aus dem Amerikanischen übertragen von Thomas Gotterbarm
Ärztliche Betreuung: Irene Käser
Fotos: Michael Seifert (Umschlag, Seite 8, 11, 13, 16, 18, 20, 29, 37, 63, 73, 78, 95,
106), Collections/Anthea Sieveking (Seite 26, 48, 56, 60, 68), foto-present (Seite 53),
Susan Griggs Agency Ltd./Sandra Lousada (Seite 72, 104), Inge Kundel-Saro (Seite 76),
Ernst Fesseler (Seite 102)
Umschlaggestaltung: Ekkehard Drechsel BDG
Satz: DTP – Ventura 3.0
Gesamtherstellung: Appl, Wemding
Printed in Germany

Gedruckt auf chlorfrei gebleichtem Papier

ISBN 3-473-42728-4

Inhalt

Danksagung

Ich möchte Suzanne Lipsett für ihre Hilfe beim Schreiben und Bearbeiten dieses Buches herzlich danken.

Hinweis für den Leser

Dieses Buch behandelt das Weinen des Babys unter verschiedenen Gesichtspunkten. Sie erfahren darin, warum Ihr Kind weint, was das Weinen jeweils bedeutet und was Wissenschaftler sagen zur Funktion des Weinens und dessen Bedeutung für das Heranwachsen und die Entwicklung des Babys. Sie werden außerdem lernen, wie Sie in allen denkbaren Situationen auf das Weinen Ihres Kindes richtig reagieren und es in nur sieben Minuten beruhigen. Dieses Buch zeigt Ihnen eine einfache Methode, wie Sie Bauchschmerzen rasch lindern und wirksam verhüten können, doch was Sie dabei lernen, gilt für alle Säuglinge, nicht nur für die, die unter Bauchweh leiden. Ob Ihr Baby häufig oder selten weint, dieses Buch beantwortet viele Fragen über die oft rätselhaften ersten drei Monate, in denen Sie und Ihr Baby sich kennenlernen und die den Grundstein legen für eine lebenslange Beziehung.

1
„Das hätte ich nie gedacht.": Was Bauchweh in Familien anrichten kann

Ein typischer Fall

„Ich hätte nie gedacht, daß es so schwer sein könnte, Mutter zu sein!" sagte Margret mit tränenerstickter Stimme zu mir. Sie sah blaß und erschöpft aus, und ich sah ihr an, wie sie darum kämpfte, die Fassung zu wahren, während ihr acht Wochen altes Baby Steven unruhig auf ihrem Schoß herumzappelte. Hin und wieder griff ihr Ehemann Tim zu dem kleinen Jungen hinüber und tätschelte seinen Bauch, doch auch er sah abgespannt aus.

Beide Eltern waren wirklich erschöpft. Nacht für Nacht waren sie abwechselnd stundenlang mit Steven wach gewesen; sie waren mit dem Baby um das dunkle Haus herumgelaufen und hatten es schließlich zu Bett gebracht, um kurz darauf erneut von dem Weinen des Kindes geweckt zu werden und mit der Prozedur von vorne zu beginnen. Der Kinderarzt, zu dem sie gegangen waren, hatte versichert, Steven sei völlig gesund – „Er hat nur ein wenig Bauchweh, das ist alles" –, und die Eltern könnten nichts anderes tun, als durchzuhalten, bis Steven den vierten Monat erreicht habe. „Achten Sie darauf, daß er es bequem hat, versuchen Sie, die Strapazen so gut es geht zu ertragen, und freuen Sie sich auf die schöne Zeit, die Sie als Eltern mit Ihrem Kind erwartet, wenn das Bauchweh erst einmal vorüber ist!"

Margret und Tim hatten eine Zeitlang durchgehalten, doch nach dem ersten Monat wurden sie ungeduldig und bestanden bei ihrem Kinderarzt auf einer medizinischen Behandlung. Margrets Mutter glaubte, das Baby leide unter Blähungen, und das Ehepaar sprach darüber mit dem Arzt, der eine entsprechende Arznei verschrieb, ein Medikament für Erwachsene, da es keine Therapie für Darmblähungen bei Säuglingen gibt.

Nachdem die Behandlung nichts an dem nächtlichen Weinen von Steven geändert hatte, suchte das verzweifelte Ehepaar schließlich mich auf, und die beiden fanden schnell Vertrauen zu mir, als ich ihnen einfach erzählte, was ich in jahrelanger Arbeit mit an Bauchschmerzen leidenden Babys gelernt hatte: daß nämlich Bauchweh bei Säuglingen ein wirkliches Problem und ein Fall für den Arzt ist – ein Problem, das man nicht einfach nur ertragen muß, bis es vorüber ist, sondern das man behandeln und verhüten kann. Nachdem eine sorgfältige Untersuchung ergeben hatte, daß Steven ein gesunder, kräftiger, sich normal entwickelnder kleiner Junge war, wandte ich mich seinen Eltern zu.

Wie in allen Situationen, in denen es um das Baby geht, so ist auch bei Bauchschmerzen die ganze Familie beteiligt, jeder, der im Haushalt lebt. Der Schlaf der Angehörigen wird beeinträchtigt, und unbehandelte Bauchschmerzen, die über Monate andauern können, stellen das Familienleben auf den Kopf und stören die wichtigen ersten Wochen, in denen Eltern und Kind sich kennenlernen und ihre Kommunikationsmuster herausbilden. Wenn die Nachtruhe ständig vom Weinen des Kindes gestört wird, die Eltern am Tag bei der Arbeit unter chronischer Müdigkeit leiden und immer neue Ratschläge zu hören bekommen, dann muß es für sie eine Gelegenheit geben, die Dinge in Ruhe zu betrachten, um sich ein klares Bild der Situation zu verschaffen. Als ersten Schritt ermunterte ich Margret und Tim darum, sich die Zeit zu nehmen, um genau dies zu tun.

Es war für Tim und Margret nicht leicht gewesen, Steven zu bekommen. Ihre Versuche, eine Familie zu gründen, hatten zuvor eine Reihe von Fehlschlägen erlitten. Margret hatte schon drei Fehlgeburten hinter sich, zwei im ersten Drittel und eine weitere im zweiten Drittel der Schwangerschaft. Zusammen mit dem Frauenarzt befürchteten sie schon, eine normale Schwangerschaft sei für Margret nicht möglich, als sie ein viertes Mal schwanger wurde. Diese Schwangerschaft verlief völlig normal und ungestört, und im achten Monat wagten Tim und Margret es schließlich, sich darauf zu freuen, Eltern zu werden. Jedes Wochenende verbrachten sie mit dem Kauf von Babyausstattung und Kinderzimmerzubehör. Der kleine Geschäftsbetrieb des Paares lief so gut, daß sie beschlossen, Margret könne sich für ein Jahr aus dem Geschäftsleben zurückziehen, um sich ganztags dem Baby zu widmen. Der letzte Schwangerschaftsmonat war für beide eine Zeit freudiger Erwartung. Sie wußten, ihr Lebensstil würde sich durch das Kind erheblich ändern, und sie sahen dieser Veränderung mit Freude entgegen. Wie anders würde alles sein und wieviel Schönes würde das Neue mit sich bringen!

Es kam ganz anders als erwartet. Die Wehen weckten Margret gegen elf Uhr nachts, und nachmittags darauf brachte sie Steven zur Welt. „Seither haben wir fast keinen Schlaf mehr bekommen“, berichteten sie einstimmig. Von seiner Geburt an weinte Steven Nacht für Nacht stundenlang und hatte dabei Blähungen. In den ersten beiden Lebenswochen mußte er nachts alle drei Stunden gestillt werden, und er war dabei so unruhig und zappelig, daß es viel Zeit und Mühe kostete. Ab der dritten Woche wachte Steven nachts immer häufiger auf, litt unter Blähungen und weinte. Das Problem verschlimmerte sich mehr und

mehr, und bald weinte er vom Abend an bis spät in die Nacht hinein.

Tims Mutter gehörte noch zur alten Schule: „Wenn man es einmal gestillt hat, dann soll man ein weinendes Kind ruhig weinen lassen. Das ist für den Charakter genauso gut wie für die Lunge.“ Doch weder Tim noch Margret waren von dieser Methode überzeugt, und sie taten, was sie nur konnten, um ihr Kind zu beruhigen. Als Steven auf ihre Bemühungen nicht ansprach, waren sie entmutigt, bald enttäuscht und schließlich verzweifelt. Sie hatten so viele Pläne gemacht für ihr Baby, sie waren bereit gewesen, sich völlig aufzuopfern, um ihr Kind glücklich zu machen, doch Steven ging es weiterhin elend, und er reagierte auf nichts, was sie taten. Sie trugen ihn auf dem Arm herum, schoben ihn im Kinderwagen ums Haus, fuhren ihn um drei Uhr früh mit dem Auto aus und gingen zu dieser Uhrzeit sogar durch die Stadt mit ihm spazieren, während der untröstliche Steven fortwährend weinte.

Tim begann, bei seiner Arbeit zu verzweifeln. Wenn er sich morgens an den Schreibtisch setzte, war er erschöpft, und wenn Stevens Weinen während des Tages durch die Wände drang, war er unfähig, sich zu konzentrieren. Er verlangte von Margret, sie solle das Baby beruhigen, was zu heftigen Auseinandersetzungen führte. Margret wiederum glaubte, als Mutter völlig versagt zu haben. „Wenn ich ein acht Wochen altes Baby nicht beruhigen kann, was für eine Mutter werde ich dann später abgeben? Ich hatte immer gedacht, daß ein Baby, das geliebt wird, zum Glücklichsein nichts anderes brauche. Nun weiß ich gar nicht mehr, was nötig ist. Vielleicht liebe ich Steven einfach nicht genug. Ich hätte nie gedacht, daß es so hart sein könnte, ich hätte nie gedacht, daß ich einmal ...“ – erst auf mein Drängen hin beendete sie den Satz – „... enttäuscht sein würde.“

Ich versicherte ihr, es sei ihr gutes Recht, enttäuscht und unglücklich zu sein, und ihre Reaktion sei überhaupt nicht ungewöhnlich. Das Weinen dient dazu, die Eltern zu alarmie-

ren, genau das ist seine Aufgabe. Das Weinen des Babys ist ein Signal dafür, daß etwas getan werden muß. Doch was soll geschehen? Im Falle von Steven war die Stimmung inzwischen so verzweifelt, und die Eltern waren so verwirrt, daß sich die Frage nicht mehr beantworten ließ. Enttäuschung und Selbstvorwürfe der Eltern und ihr Bedauern, Steven überhaupt bekommen zu haben, waren verständlich, verschlimmerten die Lage aber nur noch weiter. Es war meine Aufgabe, Margret und Tim dabei zu helfen, die eigene Enttäuschung, ihren chronischen Schlafentzug und das Durcheinander ihrer Gefühle als Bestandteile der Situation ihres Babys zu sehen.

Berücksichtigt werden mußten jedoch auch die sich widersprechenden Meinungen und Ratschläge, die sowohl von Tims als auch von Margrets Eltern kamen. Beide Großelternpaare waren Leute mit festgefügten Meinungen und glaubten, genau zu wissen, was das Problem ihres ersten Enkelkindes sei.

Margrets Mutter war fest davon überzeugt, das Weinen sei ein Zeichen dafür, daß Steven Schmerzen habe, und die Ursachen sah sie in Margrets Ernährung. Anfänglich mißbilligte sie es, wenn Margret die Brust gab, da sie es für altmodisch hielt. Doch nachdem ihre Tochter darauf bestand, drängte sie Margret, ihre Kost auf leichte, proteinreiche Nahrung wie Milchprodukte und ungewürztes Fleisch zu beschränken. Bei jeder sich bietenden Gelegenheit versuchten sie und ihr Ehemann mit Argusaugen, den Speiseplan ihrer Tochter zu überwachen. Margret fühlte sich wieder als kleines Mädchen behandelt, und das zu einem Zeitpunkt, an dem ihr Selbstwertgefühl ohnehin schon litt. Mehr als einmal war sie kurz davor, Steven ganz einfach den offenbar erfahreneren und selbstbewußteren Eltern zur Pflege zu übergeben.

Tims Vater wiederum stellte sich ganz hinter Tims Mutter und den früheren Kinderarzt von Steven. „Tut einfach gar nichts! Babys weinen eben. Das tun alle Babys", sagte er jedesmal, wenn er Steven weinen hörte. „Laßt ihn in Ruhe!" empfahl er. „Es wird ihm schon bessergehen, wenn sich sein Nervensystem einmal entwickelt hat." Wann immer Steven zu schreien begann und er war gerade in der Nähe, sahen sich Margret und Tim seiner Mißbilligung ausgesetzt, sobald sie voller Sorge begannen, sich um den weinenden Steven zu kümmern.

Was für ein Durcheinander! Aus der stillen Erwartung der späten Schwangerschaft war für Margret und Tim ein einziges Chaos aus Konflikten und nervenzerrüttendem Lärm erwachsen. Erschöpft und überfordert hatten sie schon begonnen, sich zu fragen, wie sie jemals die achtzehn oder mehr Jahre durchstehen würden, bis Steven herangewachsen war. Was geschah mit ihnen, und wie konnten sie es ändern?

Sich kümmern um die, die sich kümmern: Bei sich selbst beginnen

Es mag überraschen, daß dieses Buch nicht mit einer Beschreibung der Symptome von Bauchschmerzen beginnt, sondern mit einer Betrachtung der schwierigen Lage der Eltern. Ich verfolge dabei zwei wohlüberlegte Absichten: Ich möchte einige Gesichtspunkte des Bauchwehs offenlegen, die gern übersehen

werden, die jedoch ein wesentlicher Bestandteil des Problems sind und behandelt werden müssen, und ich möchte oft übergangene psychologische Fragen beantworten. Bauchschmerzen bei Säuglingen lassen sich behandeln, doch von sich zu erwarten, einen detaillierten Beobachtungs- und Behandlungsplan durchzuführen, während Sie angespannt, besorgt, erschöpft, verwirrt und überfordert sind, ist ganz einfach zuviel verlangt. Ich schlage Ihnen daher vor, wie ich es bei Margret und Tim tat, für einen Augenblick Abstand zu nehmen, um eine neue Sicht der Situation zu gewinnen.

Weint Ihr Neugeborenes seit Wochen immer wieder lang anhaltend und untröstlich, obwohl der Kinderarzt es für gesund befunden hat, dann werden Ihnen die folgenden Punkte bekannt vorkommen:

- *Sorge um das Wohl Ihres Kindes*
  Der Sinn kindlichen Weinens ist der, Unruhe und Besorgnis zu wecken. Stimmlage und Klangfarbe bedeuten: „Hilf mir!" Mütter, die man daran hindert, sich um ihr weinendes Baby zu kümmern, zeigen eine Vielzahl physiologischer Veränderungen, die als Besorgnis und sogar Angst erlebt werden – der Puls beschleunigt sich, Schweiß bricht aus, die Glieder werden „weich", und die Wachsamkeit erhöht sich. Diese Symptome werden ausgelöst durch ein Ansteigen des Adrenalins, das den Körper zu Anstrengung und Streß befähigt, und sie bleiben bestehen, als Unruhe und Aufregung, wenn Handeln nicht möglich ist. Dieselben Streßerscheinungen treten auf, wenn die Eltern zwar handeln, das Baby jedoch unvermindert weiterweint. Zu diesen körperlichen Streßsymptomen kommt die verständliche Sorge der Eltern hinzu, bei der ärztlichen Untersuchung ihres Kindes sei etwas übersehen worden. Dies beginnt vielleicht als unklare, quälende Angst, die zu offener Panik anwächst, wenn das Weinen – „Hilf mir!" – über Nächte und Wochen anhält. Was, wenn

mein Baby Schmerzen hat? Was, wenn der Kinderarzt irgend etwas Ernstes übersehen hat?

- *Unwohlsein durch fehlenden
und unterbrochenen Schlaf*
Unter den gegebenen Umständen können Sie kaum mehr tun, als sich darüber im klaren zu sein, daß mangelnder Schlaf und chronische Erschöpfung zu Konzentrationsschwäche, verlangsamten Reaktionen, Reizbarkeit und allgemeinem Unwohlsein führen. Bevor Ihr Kind von seinen Bauchschmerzen nicht geheilt ist, wird Ihr Schlaf darunter leiden, doch es ist wichtig, daß Sie erkennen, wie der Schlafmangel selbst schon ein Teil des ganzen Problems ist.

- *Enttäuschung und Schuldgefühle
in der Beziehung zu Ihrem Kind*
Wie bei Margret und Tim mag aus Ihrer verträumten Erwartung über Nacht die heillos überfordernde Wirklichkeit eines unablässig weinenden Kindes geworden sein. Nehmen Sie sich die Pausen, die Sie brauchen, und begreifen Sie, daß es menschlich ist, wenn Sie über Ihre fehlgeschlagenen Erwartungen enttäuscht sind. Aus Gründen, die Sie nicht verstehen, reagiert Ihr Baby nicht auf Ihre besten Bemühungen, seine Nöte zu stillen. Glauben Sie jemandem, der diese Geschichte schon viele Male gehört hat: Bestürzung und Enttäuschung sind allgemein verbreitete Reaktionen bei Eltern übermäßig weinender Babys. Sie werden die Heftigkeit dieser Gefühle vielleicht nicht dämpfen können, doch wenn Ihnen klar ist, wie häufig solche Reaktionen sind, ersparen Sie sich möglicherweise Schuldgefühle. Seien Sie sicher, daß Sie mit Hilfe dieses Buches und Ihrem eigenen Verstand das Problem Ihres weinenden Babys lösen können. Lassen Sie erst einmal Ihre Gefühle so zu, wie sie sind.

- *Verwirrung und Chaos
in allen Bereichen Ihres Lebens*
Das Wesentliche, was in den ersten Lebenswochen Ihres Babys geschieht, ist der Umstellungsprozeß, dem die ganze Familie ausgesetzt ist. Jeder in der Umgebung des Kindes muß sich auf die neue Situation einstellen. Wenn Sie noch weitere Kinder haben, müssen diese es in einem schwierigen psychologischen Anpassungsprozeß erst lernen, daß für ihre Eltern jetzt das Baby an erster Stelle steht. Wenn es Ihr erstes Baby ist, ist die von Ihnen verlangte Umstellung vielleicht sogar noch größer, da sich das Zentrum Ihrer Aufmerksamkeit von Ihnen und Ihrem Partner auf etwas anderes verlagert, auf Ihr Baby.

Kombinieren Sie diesen schwierigen Anpassungsprozeß mit dem konstanten Lärmpegel unablässigen Weinens, und Sie finden sich in einem ungemein anstrengenden Lebensabschnitt wieder. Streß kann, wie auch Schlafentzug, die Gesundheit und die Ordnung in Ihrem Leben sehr negativ beeinflussen. Da im Zentrum Ihrer Aufmerksamkeit nur noch der Wunsch nach Ruhe steht, fehlt Ihnen all die Energie, die Sie zur Bewältigung Ihrer täglichen Pflichten brauchen. Auch hier ist es das beste Gegenmittel, die Dynamik der Situation zu erkennen und zu akzeptieren. Indem Sie den gewaltigen Streß, dem Sie ausgesetzt sind, sehen und verstehen, kümmern Sie sich eher um innere Bedürfnisse, die Sie sonst vielleicht übergehen würden. Versuchen Sie es in dieser entscheidenden Umstellungsphase mit Entspannungstechniken, die sich früher in Ihrem Leben bewährt haben. Indem Sie sich um sich selber kümmern, ersparen Sie sich Situationen wie die, in der sich eine verzweifelte Mutter befand, mit der ich einmal telefonierte:

„Oh, Dr. Taubman, Sie sind's! Gott sei Dank!" Mit zittriger Stimme versuchte sie, das Weinen ihrer acht Wochen alten Alice zu übertönen. „Ich habe hier gerade das

Telefonbuch unter ‚A‘ aufgeschlagen." „Unter ‚A‘?" fragte ich. „Adoptionsvermittlungen. Ich bin am Ende meiner Nerven!" Es gibt natürlich auch einen ganz praktischen Grund dafür, daß ich dieses Buch mit der Frage Ihres eigenen Wohlergehens beginne. Wenn Sie nicht mehr Herr der Lage sind, wer soll es dann sein? Wenn der gesamte Haushalt der Anspannung und dem Chaos, das ein untröstlicher kleiner Heuler auslösen kann, erliegt, wer

wird das Problem dann lösen? Atmen Sie also tief durch, nehmen Sie Ihr Baby auf lange Spaziergänge mit, kümmern Sie sich abwechselnd um Ihr Baby, wenn Sie einen Partner haben, und ruhen Sie sich beide gut aus, wenn Ihr Baby einmal schläft. Haben Sie erst einmal dieses Buch gelesen und das im fünften Kapitel beschriebene Programm ausgeführt, dann werden Sie das Problem Ihres weinenden Babys ganz sicher bald im Griff haben.

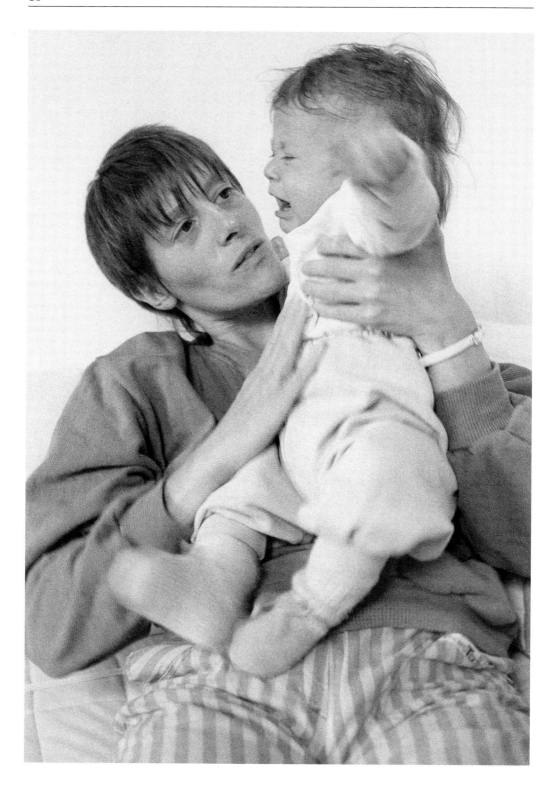

2
„Aber der Kinderarzt hat gesagt...":
Was Bauchweh bei Babys nicht ist

Was ist das Bauchwehsyndrom?

Wenn Sie Eltern danach fragen, was Bauchweh sei, dann wird die Antwort natürlich lauten, es seien Schmerzen im Unterleib, im Bauch. Doch wenn ein Arzt bei einem Kind die Diagnose „Bauchschmerzen" (ich bevorzuge den Begriff „Bauchwehsyndrom bei Säuglingen") stellt, dann spricht er über ein Baby mit den folgenden typischen Merkmalen: gewöhnlich jünger als vier Monate und in jeder Hinsicht von bester Gesundheit. Das Kind wächst normal und nimmt stetig zu, und eine ärztliche Untersuchung ergibt, daß das Baby völlig gesund ist. Dennoch gibt es immer wieder Zeiten, in denen das Baby heftig, lange und untröstlich weint, das heißt, es weint während des Tages zu bestimmten Zeiten und läßt sich von den Eltern nicht beruhigen, ganz gleich, was diese tun.

Wenn wir ein solches Baby gesund nennen, dann meinen wir damit, daß es keine Anzeichen von Krankheit zeigt wie etwa Husten, eine laufende Nase, Fieber, Ausschläge, Erbrechen, Durchfall oder Verstopfung. Das neben dem Weinen einzige andere Symptom, das vielleicht festzustellen ist, sind Blähungen. Babys mit dem Bauchwehsyndrom lassen während ihrer Weinphasen häufig starke Blähungen abgehen.

Grundsätzlich bezieht sich der von mir verwendete Begriff „Bauchwehsyndrom" auf ein gesundes Baby, das aus keinem ersichtlichen Grund häufig und lang anhaltend weint. Es wird Ihnen auffallen, daß in dieser Definition Bauch- oder Unterleibsschmerzen überhaupt nicht erwähnt werden. Damit spreche ich den Kern einer seit langem bestehenden Kontroverse an.

Viele Ärzte sind der Meinung, das Bauchwehsyndrom bei Säuglingen habe mit Unterleibsschmerzen gar nichts zu tun. Ganz zwangsläufig werden jedoch auch weiterhin viele Fachleute und natürlich die Allgemeinheit den landläufigen Begriff Bauchweh mit der Vorstellung von Schmerz in Verbindung bringen.

In den dreißiger und vierziger Jahren begann die Medizin erstmals, sich mit übermäßig weinenden Babys zu befassen, indem man sehr eingehend die Art ihres Weinens erforschte. Man fand heraus, daß die Kinder, wenn sie weinten, die Beine anzogen, den Bauch anspannten, rot wurden und Blähungen abgehen ließen. Die Babys sahen zweifellos so aus, als litten sie unter Schmerzen, und die untersuchenden Ärzte zogen daher auch den Schluß, es handele sich um Bauchkrämpfe, eine Beobachtung, der die Eltern in der Regel voll und ganz zustimmten. Ganz instinktiv nahmen die Eltern an, ihre Babys litten unter Krämpfen, und entsprechend nannten sie den Zustand auch Bauchweh.

In den folgenden dreißig Jahren gingen die Ärzte bei der Behandlung des Bauchwehsyndroms davon aus, die Ursache seien Unterleibsschmerzen. Sie verordneten verschiedene Medikamente zur Therapie von Bauchkrämpfen, erzielten damit jedoch nur sehr geringe Erfolge. Ein großer Teil von den Ärzten war der Meinung, die Ursache der vermuteten

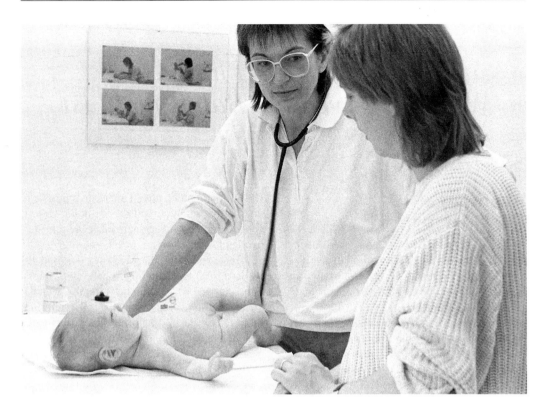

Schmerzen seien Blähungen, da die betroffe- nen Babys während des Weinens gewöhnlich starke Blähungen abgehen ließen. Niemand war jedoch in der Lage, zu erklären, warum einige Babys häufiger Blähungen hatten als andere und warum es für die einen ein Problem war und für die anderen nicht. Man untersuchte, wie sie gefüttert wurden, die Zusammenset- zung ihrer Nahrung und der ihrer Mütter, man erwog die Möglichkeit, die betroffenen Babys verdauten den Milchzucker schlecht – doch die Untersuchungsergebnisse bestätigten keine dieser Erklärungen.

Trotz des Mangels an Beweisen dafür, daß es Blähungen sind, die zum Bauchwehsyn- drom führen, glauben viele Ärzte nach wie vor an diese Theorie und verschreiben Medi- kamente zur Behandlung starker Blähungen bei Erwachsenen, obwohl es keinen Hinweis dafür gibt, daß diese auch den betroffenen Babys helfen.

Andere Ärzte schlossen aus den Untersu-

chungsergebnissen, Blähungen seien nicht die Ursache des Bauchwehsyndroms, und wand- ten sich daraufhin der Ernährung der Babys und der ihrer Mütter zu. In den sechziger Jah- ren kamen Lebensmittelallergien als Erklä- rung vieler bis dahin rätselhafter Krankheiten regelrecht in Mode. Einige Ärzte vermuteten damals, die zum Bauchwehsyndrom führen- den Unterleibsschmerzen würden durch eine Allergie gegen Kuhmilch ausgelöst, und emp- fahlen, die Kuhmilch zu ersetzen.

Nachdem sich das Bauchwehsyndrom unter den Neugeborenen weiterhin hartnäckig hielt, wurde es schließlich, vor etwa 15 Jah- ren, mehr und mehr Ärzten klar, daß sich das Problem einfach nicht erfolgreich behandeln ließ, solange man seine Ursache in Bauch- schmerzen sah. Man befaßte sich noch einmal mit dem Weinen selbst: Wie weinten die Kin- der, und was ließ sich daraus ersehen? Schließlich fiel den Ärzten auf, daß alle Babys, die länger als einige Minuten weinten, dies in derselben Weise taten, ganz gleich, was der Anlaß war. Alle weinenden Babys

- ziehen die Beine an,

- spannen den Bauch an,

- werden rot,

- lassen häufig Blähungen abgehen.

Auf diese Art weinen Babys, die einen ersichtlichen Grund dafür haben, und genauso verhalten sich Babys, die weinen, ohne daß man den Anlaß kennt. Ein Baby zum Beispiel, dessen Bein nach einer DPT(Diphtherie Pertussis Tetanus)-Injektion schmerzt, reagiert in der beschriebenen Weise, und das gleiche tut ein Baby, das von einem lauten Geräusch erschreckt wird oder das hungrig ist.

Die wichtige Schlußfolgerung daraus ist, daß man durch Beobachtung einfach nicht erkennen kann, warum ein Baby weint.

Auf Grund dieser klaren, vielfach bestätigten Beobachtung kamen allmählich immer mehr Ärzte zu der Überzeugung, daß Perioden lang anhaltenden Weinens mit Bauchschmerzen nichts zu tun hatten. Unter Fachleuten bezieht man darum heute den Begriff Bauchwehsyndrom nur noch auf das Weinen an sich, ohne damit etwas über Schmerzen oder Ursachen auszusagen. Es ist jedoch leicht zu verstehen, warum so viele Laien – und auch Ärzte – anhaltendes Weinen nach wie vor mit Bauchschmerzen in Verbindung bringen, trotz aller gegenteiliger Forschungsergebnisse.

Der nächste Abschnitt in diesem Kapitel untersucht weitverbreitete Theorien über die Ursachen des Bauchwehsyndroms. Beim Lesen wird Ihnen ein anderer Sachverhalt aus dem Bereich der Medizin auffallen: Überholte Vorstellungen sterben nur langsam aus. Viele der Theorien, an die Ärzte noch glauben, sind inzwischen als falsch und unbegründet widerlegt.

Zunächst jedoch möchte ich zu der Frage zurückkehren, mit der dieses Kapitel begann,

und die Antwort darauf noch einmal wiederholen: Was ist das Bauchwehsyndrom? Das Bauchwehsyndrom bei Säuglingen ist nichts anderes als das übermäßige, ohne erkennbaren Grund ausgelöste Weinen gesunder Babys.

Eine Einschränkung ist jedoch notwendig, damit diese kurze Definition wirklich eindeutig wird, nämlich die genaue Bestimmung des „übermäßigen Weinens". Ab welchem Zeitpunkt kann man sagen, ein Baby weine zuviel? Das normale Maß liegt bei einem vier bis sechs Wochen alten Säugling bei durchschnittlich 30 bis 90 Minuten während 24 Stunden; jedes Weinen, das über diesem Wert liegt, muß man darum als übermäßig ansehen. (Der Wert gilt für die Dauer des tatsächlichen Weinens, wie er aus genauen, detaillierten Aufzeichnungen der Eltern in Stundenbüchern ermittelt wurde, und enthält keine Unterbrechungen und Pausen beim Weinen.) Ab der sechsten Lebenswoche nimmt das Weinen allmählich ab.

Ihr Baby leidet also am Bauchwehsyndrom, wenn es

- jünger als vier Monate ist (entgegen dem weitverbreiteten Mythos, das Bauchweh verschwinde im dritten Lebensmonat),

- völlig gesund ist, ohne Durchfall, Erbrechen usw.,

- immer wieder lange weint und nicht zu beruhigen ist,

- länger als 90 Minuten pro Tag weint.

Mythen über das Bauchwehsyndrom und seine Behandlung

Falsche Einstellungen und Theorien haben auch in Medizinerkreisen die Tendenz, sich über Jahre und Jahrzehnte zu halten. Schlechte Ratschläge, sowohl von Laien wie auch von

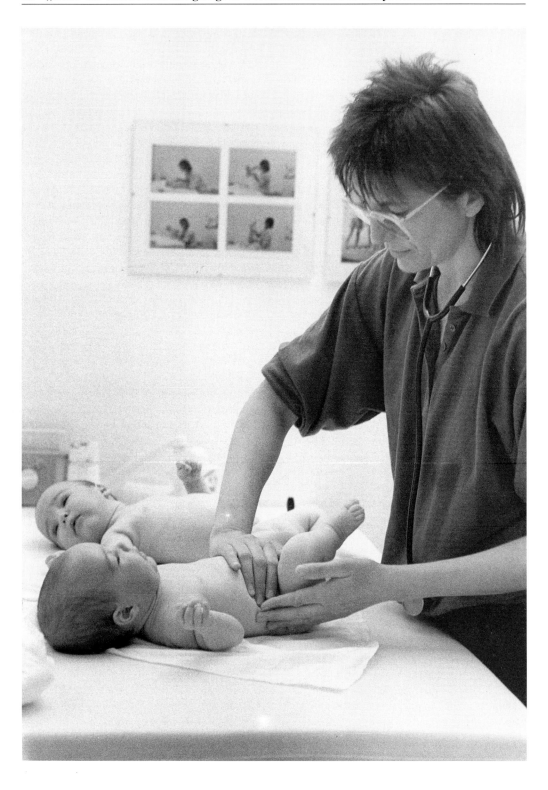

Ärzten, sind beim Bauchwehsyndrom eigentlich die Regel, und nur zu oft wird die grundlegende Voraussetzung für das in diesem Buch dargestellte Behandlungsprogramm, nämlich die Fähigkeit der Eltern, klar und genau zu beobachten, von falscher Information gestört. Da der Wunsch der Eltern, das Rätsel ihres „bauchwehkranken" Babys zu lösen, verständlicherweise groß ist, lassen sie sich bei der Deutung ihrer Beobachtungen häufig von den Ratschlägen beeinflussen, die sie von Ärzten wie auch von Freunden und Verwandten erhalten. Um Ihnen dabei zu helfen, sich gegen weitverbreitete Mythen und Irrtümer über das Bauchwehsyndrom abzusichern, möchte ich diese verschiedenen irrtümlichen Auffassungen im einzelnen darstellen. Denken Sie daran, daß diese falschen Informationen Sie bei einer Lösung der Bauchwehprobleme Ihres Babys behindern können.

MYTHOS 1: Ursache des Bauchwehsyndroms ist eine Allergie des Kindes gegen handelsübliche Babynahrung.

Wann immer ein bauchwehkranker Säugling mit Fertignahrung nach einem Ernährungsplan gefüttert wird, wird bestimmt jemand, der Arzt oder ein Laie, mutmaßen, das Baby sei allergisch gegen das Präparat und leide darum unter Bauchschmerzen. Auf welche Beweise stützt sich diese Theorie? Eine 1982 in der Fachliteratur veröffentlichte Studie behauptete, 71 Prozent der untersuchten Säuglinge sei es nach einem Wechsel des Präparats bessergegangen, doch diese Studie war schon in ihrer Anlage fehlerhaft und ihre Schlußfolgerung darum falsch.*

Der wesentliche Fehler der Studie lag darin, daß sich unter den untersuchten Kindern auch solche befanden, deren Symptome nicht Blähungen waren, sondern andere Magen-Darm-Beschwerden, vor allem Erbrechen und Durchfall. Es ist jedoch eine anerkannte Tatsache, daß das Bauchwehsyndrom nur bei sonst gesunden Babys auftritt.

Erbrechen und Durchfall sind Symptome einer Vielzahl von Krankheitsbildern, nicht jedoch des Bauchwehsyndroms. Wenn Ihr Baby häufig weint und gleichzeitig Erbrechen und/oder Durchfall hat, dann leidet es nicht unter dem Bauchwehsyndrom. Bei diesen Symptomen sollte der Arzt die Ursachen unbedingt genau erforschen.

Tatsächlich ist Milchunverträglichkeit einer der häufigsten Gründe für Durchfall und/oder Erbrechen bei übermäßig weinenden Babys, und für solche Kinder ist ein Wechsel des Präparats die richtige Therapie. Von den Kindern, die an meinen Untersuchungen zum Bauchwehsyndrom teilnahmen, litt keines an Durchfall oder Erbrechen, und es ergaben sich keine Anhaltspunkte für eine Allergie gegen Babynahrung. Diese Studien zeigten, daß die Suche nach einem neuen Präparat bei einem bauchwehkranken Baby Zeitvergeudung ist. Das können Sie leicht überprüfen, wenn Sie die Zusammenstellung der Babynahrung einmal ändern.

Herr und Frau Kinney kamen mit ihrem fünf Wochen alten Baby Jon zu mir in die Sprechstunde, weil er, wie sie sagten, unter Bauchkrämpfen litt. Sie waren davon überzeugt, das Problem sei ein allergener Stoff in der Babynahrung, und bestanden darauf, ich solle ein anderes Präparat empfehlen. Der frühere Kinderarzt hatte die Zusammensetzung von Jons Nahrung schon einige Male geändert und schließlich versucht, die Eltern davon zu überzeugen, einfach abzuwarten, das Weinen höre von selber auf, „wenn das Nervensystem ausgereift ist".

Jon war ein gesundes Baby, das ordentlich zunahm und weder an Durchfall noch Erbrechen litt. Ich war davon überzeugt, die Suche nach einem neuen Präparat bringe uns auf die falsche Spur, doch die Kinneys blieben hartnäckig. Sie bestanden darauf, ich solle eine neue Zusammensetzung versuchen und dann Jons Fortschritte genau beobachten. Ich stimmte unter der Bedingung zu, daß sie, falls

---

* L. Lothe, T. Lindberg and I. Jakobsson, „Cow Milk Formula as a Cause of Infantile Colic: A Double-Blind Study", Pediatrics 70 (1982): 7–10.

Jons Zustand sich nicht ändere, die Behandlung versuchen würden, die ich in den folgenden Kapiteln dieses Buches vorstelle. Damit waren sie einverstanden.

Ich setzte Jon auf Nutramigen, ein nichtallergenes Präparat, das nur hydrolisierte Proteine enthält. Dank der molekularen Struktur der Substanz ist es praktisch unmöglich, dagegen allergisch zu sein. Wie erwartet blieb Jons Zustand unverändert.

Die Kinneys stimmten einem anderen Vorgehen zu, doch es fiel ihnen nicht leicht, ihre einmal gefaßte Meinung aufzugeben. Sie hatten alle Hoffnungen auf diese Lösung gesetzt und waren enttäuscht und entmutigt, als diese fehlschlug.

Das beharrliche Festhalten der Kinneys an einer der Mythen über Bauchweh bei Babys ist überhaupt nicht ungewöhnlich. Diese Vorstellungen sind genauso weit verbreitet wie hartnäckig, wie Sie selbst feststellen werden, wenn Sie einmal versuchen, sie anderen auszureden. Manchen Eltern wird die eigene Besorgnis, Anspannung und Überforderung angesichts ihres anhaltend leidenden Kindes erst dann wirklich bewußt, wenn alle bekannten Lösungen fehlgeschlagen sind.

Einen Punkt möchte ich hier betonen: Ihrem bauchwehkranken Baby mag es nach einem Wechsel des Nahrungspräparates bessergehen, jedoch nur rein zufällig. Manche Babys brauchen keine besondere Behandlung, um von ihrem Bauchweh zu genesen, und diese spontane Besserung ihres Zustandes kann genauso auftreten, während Sie mit Präparatwechsel experimentieren, wie zu jedem anderen Zeitpunkt. Wenn es Ihrem Baby mit einer anderen Zusammensetzung seiner Flaschennahrung bessergeht, dann sollten Sie diese Beobachtung unbedingt überprüfen, indem Sie zu dem ursprünglichen Präparat zurückkehren und schauen, ob das Baby dann weint. (Nutramigen ist recht teuer, und Sie werden es nicht verwenden wollen, solange es nicht wirklich nötig ist.)

Mythos 2: Bauchweh bei Babys, die gestillt werden, wird von einem Stoff in der Nahrung der Mutter verursacht.

Man hat herausgefunden, daß sich bei stillenden Müttern, die Kuhmilchprodukte zu sich nehmen, ein geringer Anteil des Kuhmilchproteins in der Muttermilch wiederfindet. Ärzte, die davon überzeugt sind, das Bauchwehsyndrom sei eine Allergie gegen Kuhmilch, sehen dies als Ursache des Problems bei den Kindern, die gestillt werden. Sie behandeln das Bauchweh, indem sie die Mutter auf eine milchfreie Ernährung setzen. Drei in der Fachliteratur veröffentlichte Untersuchungen haben sich mit der Wirksamkeit dieses Behandlungsansatzes befaßt. Eine Untersuchung ergab keine Besserung des Befindens der betroffenen Kinder.* Die beiden anderen Studien (von den gleichen Forschern durchgeführt) zeigten eine Besserung in 35 Prozent der Fälle.** Jedoch auch bei diesen Studien waren wieder Kinder mit Erbrechen und Durchfall untersucht worden, wodurch ihre Ergebnisse zur Beurteilung einer möglichen Allergie bei sonst gesunden Babys wertlos sind. Meine eigenen Forschungen widersprechen der Auffassung, ein Verzicht auf Milch oder irgendwelche andere Substanzen in der Nahrung der Mutter reduziere das Weinen der betroffenen Babys.

Experimente mit der Ernährung der Mutter sind nicht nur nutzlos, sie können sogar riskant sein. Ich habe Mütter erlebt, wie zum Beispiel die im ersten Kapitel beschriebene Margret, die ihre Ernährung so einschränkten, daß sie damit das eigene Wohlergehen gefährdeten.

Eine gute, ausgewogene Ernährung der Mutter ist die Voraussetzung für erfolgreiches

---

* R.W. Evans, A.R. Allyardyce and D.M. Fergusson Brent Taylor, „Maternal Diet and Infantile Colic in Breast-fed Infants“, Lancet 1 (1981): 1340 – 1343.

** I. Jakobsson and T. Lindberg, „Cow's Milk as a Cause of Infantile Colic in Breast-fed Infants“, Lancet 11 (1978): 437 – 439; and „Cow's Milk Proteins Cause Infantile Colic in Breast-fed Infants: A Double-Blind Crossover Study“, Pediatrics 71 (1983): 268 – 271.

Stillen, und es kann die Gesundheit der Mutter wie die des Babys beeinträchtigen, wenn an der Ernährung der Mutter herumexperimentiert wird.

Eine Ausnahme von dieser Regel ist jedoch Koffein. Ich rate allen Müttern eindringlich, zu essen, was sie möchten, auf Koffein aber unbedingt zu verzichten. Koffein, von einer stillenden Mutter aufgenommen, gelangt in geringen Mengen in die Muttermilch. Viele Ärzte sind der Meinung, diese Menge reiche nicht aus, das Baby zu schädigen, doch da manche Erwachsene auf die Droge höchst empfindlich reagieren, gehe ich davon aus, daß auch einige Säuglinge Koffein nicht vertragen. Bei einem gegen Koffein überempfindlichen Baby können sogar kleine Mengen der Substanz zu großer Unruhe und Nervosität führen.

MYTHOS 3: *Blähungen sind schuld am Bauchwehsyndrom.*

Dies ist der weitverbreitetste Mythos, dessen Entstehung in diesem Kapitel schon dargestellt wurde. Wie ich gezeigt habe, basiert diese Theorie auf der Beobachtung, daß viele bauchwehkranke Babys starke Blähungen ausscheiden. Die Beobachtung stimmt, doch Ärzte, die daraus schließen, die Blähungen seien die Ursache, zäumen das Pferd von hinten auf. Kinder mit dem Bauchwehsyndrom weinen nicht, weil sie Blähungen haben, sondern sie haben Blähungen, weil sie zuviel weinen.

Eine der Hauptursachen von Blähungen ist verschluckte Luft. Babys, die aus welchem Grund auch immer lange weinen, schlucken dabei sehr viel Luft. Durch die zunehmende Anspannung des Bauches entweichen die Gase schließlich über den Enddarm. Wenn Sie sich ein heftig weinendes Baby ansehen, werden Sie feststellen, daß sich der Druck auf den Bauch durch die ständige Anspannung immer mehr erhöht; das Ergebnis sind die abgehenden Blähungen.

Jedes Baby also, das über eine längere Zeit hinweg aus welchem Grund auch immer weint, wird dadurch (indem es Luft schluckt) Blähungen entwickeln und diese (durch zunehmenden Druck auf den Bauch) über den Enddarm ausscheiden. Damit ist klar, daß das Weinen die Blähungen verursacht und nicht umgekehrt.

MYTHOS 4: *Unterleibskrämpfe sind schuld am Bauchwehsyndrom.*

Manche Ärzte sind der Meinung, Krämpfe im Unterleib seien die Ursache des Bauchwehsyndroms, wobei sie sich meist nicht bemühen, die Herkunft dieser Krämpfe zu erklären. Oft sind es Pragmatiker, die mehr an einem „funktionierenden" Medikament als an der Bestimmung der eigentlichen Ursachen interessiert sind. Dieses Vorgehen ist nicht ungefährlich, denn wie sich herausgestellt hat, gibt es nur ein einziges Medikament, das das Säuglingsbauchweh lindert, das sogenannte Dicycloverin-HCl, besser bekannt unter dem Handelsnamen Bentyl*.

Dieses Medikament ist ein für Erwachsene gedachtes Spasmolytikum, zu dessen Nebenwirkungen Schläfrigkeit und Antriebslosigkeit zählen. Ärzte, die dieses Medikament beim Bauchweh eines Babys verschreiben, tun dies in der Annahme, es lindere die rätselhaften, unbewiesenen Unterleibskrämpfe. Es ist jedoch genausogut möglich, und ich persönlich bin davon überzeugt, daß es nicht die krampflösenden Eigenschaften sind, die das Weinen vermindern, sondern die Nebenwirkungen, indem sie das Kind ruhigstellen oder gar medikamentös einschläfern. Daß Bentyl also einige übermäßig weinende Babys beruhigt, bestätigt keineswegs, daß diese Kinder an Unterleibskrämpfen leiden.

Dieser Gesichtspunkt ist jedoch nebensächlich, verglichen mit den übrigen Folgen, die der Gebrauch von Bentyl bei Säuglingen hat. Niemand weiß nämlich, wie häufig bei

---

* Dicycloverin-HCl wird in Deutschland unter anderem Handelsnamen vertrieben. Es wird hier nur bei Erwachsenen gegen Krämpfe der ableitenden Harnwege eingesetzt. Eine Darreichungsform für Säuglinge (z. B. Zäpfchen) wird auf dem deutschen Markt nicht angeboten.

Babys diese Nebenwirkungen auftreten und wie stark sie sind. Noch alarmierender sind neuere Meldungen, die über ernste, lebensbedrohliche Nebenwirkungen, verschieden von denen, die bei Erwachsenen vorkommen, berichten, wie etwa Fälle von Atemstillstand, Epilepsie, Koma und sogar Tod, die bei Säuglingen unter drei Monaten nach der Verabreichung von Bentyl auftraten.

Die Gefahren des Einsatzes dieser Droge bei Babys überwiegen den Nutzen einer möglichen Minderung des heftigen Weinens also ganz eindeutig. Das Bauchwehsyndrom läßt sich jedoch glücklicherweise ohne irgendwelche Medikamente erfolgreich behandeln und verhüten.

MYTHOS 5: *Das übermäßige Weinen ist die Folge eines noch nicht ausgereiften Nervensystems.*

Nach dieser Theorie ist das mit dem Bauchwehsyndrom verbundene Weinen nicht durch Schmerz verursacht, sondern durch eine „unspezifische Reizbarkeit", eine Art undefinierbaren Leidens, da das Nervensystem bei der Geburt noch nicht ausgereift sei und darum, beim einen Kind mehr, beim anderen weniger, gegen äußere Reize hochgradig empfindlich. Das bauchwehkranke Kind finde sich am überempfindlichen Ende der Skala und weine aus Reaktion auf die dauernde Stimulation seines Nervensystems. Wenn das Nervensystem sich entwickle, besagt die Theorie, nehme die Sensibilität, und damit auch das Weinen, schließlich ab.

Diese Theorie ist die Grundlage der beliebten „Hände weg"-Haltung gegenüber häufig weinenden Babys. Ihre Befürworter glauben, für das Bauchwehsyndrom gebe es keine andere Behandlung als die des Abwartens. Sie behaupten weiter, das, was Eltern gewöhnlich tun, um das Leid ihrer Kinder zu lindern: Halten, Wiegen, Spazierengehen, Sprechen usw., verschlimmere die Lage nur noch, indem es das schwache Nervensystem des Babys mit zusätzlichen Reizen peinige. Ihr Rat ist, die Eltern sollten das untröstlich weinende Baby einfach allein lassen und sich nicht weiter darum kümmern. Einige empfehlen für extreme Fälle Beruhigungsmittel.

Viele medizinische Lehrbücher und wissenschaftliche Veröffentlichungen befürworten diese Theorie, und zahlreiche Ärzte haben sich dadurch in ihrer Einstellung zu dem Problem beeinflussen lassen. Sie nehmen das Bauchwehsyndrom folglich nicht sehr ernst, halten es für harmlos und glauben, das Baby werde ihm ganz von selbst entwachsen. Ihre eigene Rolle sehen sie nicht darin, die Kinder zu behandeln, sondern die Eltern zu beruhigen, da es der Theorie zufolge ja nur ein Heilmittel für das Bauchweh gibt: abzuwarten, bis es vorüber ist.

Da die Ärzte von dieser Theorie aufrichtig überzeugt sind, gelingt es ihnen meist, die sich um ihr weinendes Kind sorgenden Eltern zu beruhigen, solange die Sprechstunde andauert. Daheim jedoch ist nur sehr wenigen Eltern wohl dabei, wenn ihr Kleines wieder weint und sie es dann allein lassen sollen. Statt dessen erleben sie die hochgradige Aufregung und Unruhe von Menschen, die an ihrem Drang zu handeln gehindert werden. Die Eltern halten sich vielleicht Kissen an die Ohren, drehen die Stereoanlage laut oder stellen die Dusche an, doch wo immer sie sich im Haus aufhalten, sie überstehen die Situation buchstäblich nur im Schweiße ihres Angesichts. Während sie versuchen, das verzweifelte Weinen ihres Babys zu überhören, werden sie gepeinigt von Schweißausbrüchen, zitternden Gliedern, rasendem Puls und heftiger Atmung, sie fühlen sich kränklich und befinden sich in einem Zustand dauernder höchster Alarmbereitschaft. Diese Situation ist weder für die Eltern noch für die Babys fördernd, sondern schadet der Eltern-Kind-Beziehung hochgradig.

Dennoch sind viele Ärzte Anhänger der Theorie des unausgereiften Nervensystems. Wenn Ihr Kinderarzt die gleiche Einstellung vertritt, dann sollten Sie als Eltern ihm erst einige entscheidende Fragen stellen, bevor Sie seiner Theorie Glauben schenken:

Gibt es irgendeinen klaren Beweis dafür, daß diese Auffassung stimmt?

Nein, die Theorie der Überempfindlichkeit ist eine reine Hypothese.

Hat es sich jemals gezeigt, daß ein Baby, wenn man es allein läßt, weniger weint, als wenn man ein wenig mit ihm herumläuft?

Nein. Ich bin dieser Frage nachgegangen und fand überhaupt nur eine mögliche Veränderung: Babys, die man allein ließ, weinten nicht weniger, sondern oft sogar noch mehr als die, die man spazierenführte.

Stimmt es, daß es „automatisch" allen bauchwehkranken Babys nach drei Monaten bessergeht?

Nein. Viele Babys, die ich auch medizinisch behandeln mußte, zeigten die typischen Merkmale des Bauchwehsyndroms, außer wenn sie älter als drei Monate waren.

Schadet es wirklich nicht, wenn man ein weinendes Baby allein läßt?

Doch. Auch wenn das Kind nicht direkt dabei leidet, so kann es der Eltern-Kind-Beziehung dennoch schaden, wenn sein Weinen nicht beantwortet wird. Anders gesagt, das Weinen des Babys ist eine Aufforderung an den, der es versorgt, sich dem Kind zuzuwenden. Auf das Weinen dann nicht zu reagieren bedeutet, die sich entwickelnde Beziehung des Kindes zu seinen Bezugspersonen künstlich, nämlich unnatürlich, zu beeinflussen. Da es die wesentliche Aufgabe der ersten Monate im Leben eines Kindes ist, eben diese Bindung zu festigen, kann es die wachsende Beziehung ernsthaft und nachhaltig beeinträchtigen, wenn ihr künstliche Beschränkungen auferlegt werden.

Ich habe die weitverbreiteten Mythen, die das Bauchwehsyndrom umgeben, dargestellt, um Sie davor zu bewahren, in Ihren Bemühungen, Ihr Kind zu beruhigen, auf völlig falsche Wege zu geraten. Jetzt sind Sie gewappnet gegen die gutgemeinten, aber oft falschen Ratschläge, die Sie gehört haben (oder aber noch hören werden). Nachdem Sie nun ausführlich gesehen haben, wodurch das Bauchweh nicht verursacht wird, möchte ich Ihnen im folgenden zeigen, was die wirklichen Gründe sind.

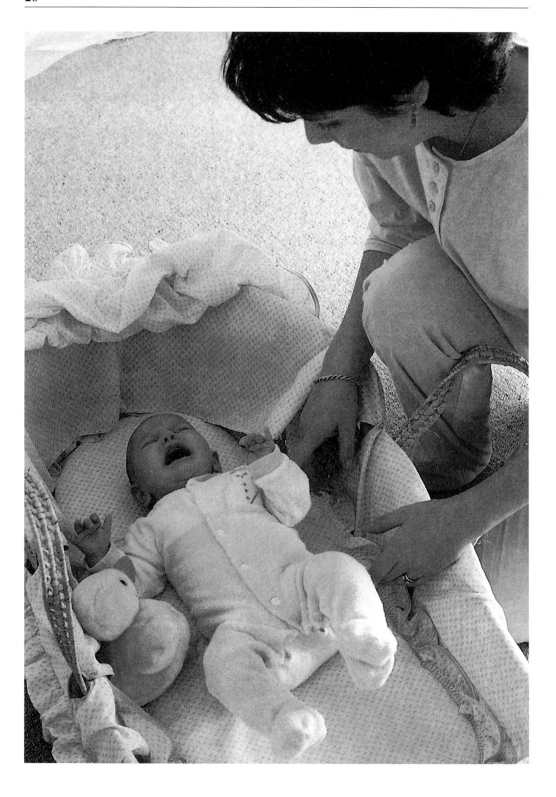

3
Weinen als Kommunikation

Dieses Buch und die darin vorgestellte Behandlung des Bauchwehsyndroms basieren auf einer ganz neuen Betrachtungsweise, die erst seit etwa 20 Jahren allmählich Anerkennung findet. Die Grundidee ist, das Weinen sei die Art und Weise des Babys, sich mitzuteilen, seinen Eltern ganz bestimmte Botschaften zu übermitteln.

Wie im Kapitel 2 dargestellt, gehen die anerkannten Theorien über das Bauchwehsyndrom von jeweils einem zweier verschiedener Ansätze aus. Die eine Annahme besagt, das bauchwehkranke Baby weine, weil es Schmerzen habe, die andere, das Weinen des Babys sei einfach Ausdruck allgemeiner Reizbarkeit. Bis vor kurzem wurden diese Theorien kaum jemals in Frage gestellt, doch inzwischen zeigen Untersuchungen, darunter auch meine eigenen Studien, daß diese beiden Ansätze falsch sind. Die Wissenschaft akzeptiert nunmehr die Tatsache, daß das Weinen bei Babys in den ersten Lebensmonaten alles andere als bedeutungslos ist, daß es vielmehr das erste Mittel des Kindes ist, sich mitzuteilen und seine grundlegenden Bedürfnisse bekanntzugeben.

Überlassen wir die Frage der Schmerzen einer späteren Erörterung und überlegen uns zunächst, was uns der Gedanke, das Weinen sei das Kommunikationsmittel des Babys, über das uralte Rätsel des Bauchwehsyndroms mitteilen kann. „Bauchwehkranke" Babys weinen wie andere Babys auch, um ihren Eltern etwas ganz Bestimmtes mitzuteilen. Die Tatsache, daß es scheinbar unmöglich ist, die Kinder zu beruhigen, ist ein

Hinweis darauf, daß ihre Botschaften kein Gehör finden, zumindest nicht schnell genug. Bauchwehkranke Babys, oft hartnäckige, zielstrebige kleine Wesen, werden von der fehlenden Verständigung rasch enttäuscht und verzweifelt. Ist aus der Verzweiflung erst einmal Aufregung geworden, dann vermag auch die allerbeste Reaktion auf die ursprüngliche Botschaft des Babys das Weinen nicht mehr zu beenden. Kurzgefaßt sind die Grundaussagen dieser neuen Sichtweise folgende:

1. Das Baby weint, um seinen Eltern eine bestimmte Botschaft über ein grundlegendes Bedürfnis mitzuteilen.

2. Die Eltern deuten diese Botschaft falsch und befriedigen darum das durch das Weinen mitgeteilte Verlangen nicht.

3. Die Enttäuschung des Babys führt zu so großer Aufregung, daß es am Ende nicht mehr in der Lage ist, zu reagieren, selbst wenn die Eltern schließlich die ursprüngliche Botschaft richtig beantworten.

Das Weinen des Babys ist somit eine Botschaft an seine Umwelt. Dieser Gesichtspunkt ist leicht zu verstehen, doch er stellt das Denken von Jahrhunderten in Frage. Immer galt das Weinen eines Babys als etwas Lästiges, etwas, das grundsätzlich, ganz gleich wie, zu unterbinden war. Die von der amerikanischen Regierung in den Jahrzehnten vor dem Zweiten Weltkrieg herausgegeben Broschüren über Säuglingspflege sind ein eindrucksvolles Beispiel dafür. Die Verfasser dieser Schriften raten darin der Mutter, das Baby nicht auf den Arm zu nehmen, wenn es zwischen den Mahlzeiten weine, damit es nicht lerne, „daß es durch Weinen alles bekommt, was es will, und so, schneller als Sie denken, zu einem verzogenen kleinen Dickkopf und Haustyrannen wird, dessen ständige Ansprüche die Mutter zur Sklavin machen".

Eines der Hauptziele meines Buches ist es, diese überholte Einstellung durch die zeitgemäßere, von der Forschung gestützte Auffassung zu ersetzen, die das Weinen als Kommunikationsmittel sieht. Immer wieder habe ich erlebt, daß der erste Schritt zur Heilung eines Babys von seinem Bauchwehsyndrom dieser Wandel in der Haltung der Eltern war, von der Wahrnehmung des Weinens als Störung hin zum Hören einer Botschaft. Dieser neue Weg, das Weinen eines Babys zu verstehen, ermöglicht eine ganz andere Problembewältigung. Das Ziel ist jetzt nicht mehr, eine nervenaufreibende Störung zu beenden, sondern vielmehr, auf die Botschaften des Babys angemessen zu reagieren in einer geplanten, auf Beobachtung und Erfahrung gestützten Vorgehensweise.

Kapitel 4 erklärt die tatsächliche Bedeutung des Weinens eines gesunden Babys, und Kapitel 5 zeigt Ihnen den Weg, wie Sie die verschiedenen Botschaften des kindlichen Weinens richtig deuten und entsprechend darauf reagieren können. Doch zuerst wollen wir uns weiter mit dieser neuen Betrachtungsweise vom Weinen als Verständigungsmittel befassen.

Weinen und Sprachentwicklung

Ein kurzer Überblick über die Lautbildungsmuster der ersten Lebensjahre kann uns helfen, zu verstehen, daß das Weinen ein Bestandteil der allmählichen Sprachentwicklung ist, der erste Schritt auf dem Weg zu sprachlicher Kommunikation. Das Weinen des Neugeborenen ist seine erste Art der Lautbildung. Wissenschaftler, die das Weinen von Säuglingen untersucht haben, nannten es die „akustische Nabelschnur", eine Bezeichnung, die die Bedeutung des Weinens als Bindeglied zwischen Kind und Mutter nach dem Ende der körperlichen Verbindung bei der Geburt unterstreicht. Das Weinen dient als Signal, das bei den Eltern Aufmerksamkeit und Besorgnis wecken soll.

Die ersten sieben Wochen nach der Geburt bilden die Anfangsphase in der Entwicklung sprachlicher Kommunikation. In dieser Zeit ist das Weinen das wesentliche Signal. Es ist noch nicht an eine bestimmte Einzelperson gerichtet, da das Baby andere Menschen noch nicht sehen, geschweige denn zwischen ihnen unterscheiden kann. Das Baby benutzt einfach seine Stimme dazu, der Umwelt mitzuteilen, wann es hungrig ist, Angst hat oder sich unwohl fühlt. Der Sinn des Weinens ist der, einen Erwachsenen herbeizurufen.

Die zweite Phase in der Entwicklung sprachlicher Kommunikation ist der Zeitraum zwischen der 8. und der 14. Lebenswoche. In dieser Zeit lernt es der Säugling, mit den Stimmbändern die Laute seiner Stimme zu verändern. Das Baby verfügt nun über die neuromuskuläre Kontrolle, ein- und zweisilbige Lautfolgen zu bilden, Laute, die wir meist „Lallen" nennen.

Gegen Ende der zweiten Phase beginnt das Baby, seine Lautsignale an Menschen zu richten, denn nun kann es sie sehen und erkennen, daß es Menschen sind, die auf die Signale reagieren.

In der dritten Phase, zwischen der 15. und 30. Lebenswoche, beherrscht das Baby einfache Wege des gegenseitigen Kontaktes mit der Umwelt. Es zeigt nun eine Vorliebe für die Mutter. Lautbildungen sind ein Teil dessen, was das Baby im Kontakt zu seiner Umgebung einsetzt, und diese sind klarer, ausgeglichener und differenzierter geworden. Man nennt diese Lautbildungen „Babbeln".

In der vierten Phase, von der 31. bis zur 52. Woche, verständigt sich das Baby mit der

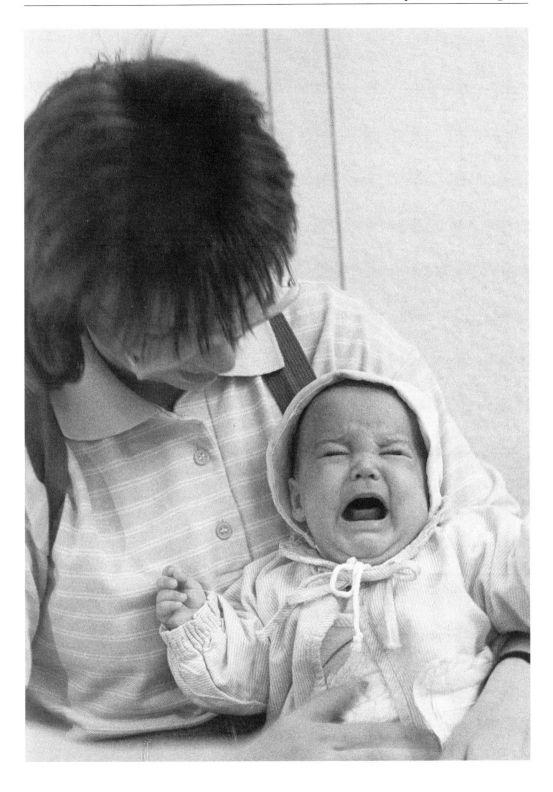

Mutter weit mehr über Laute und Töne. Aus dem zunehmenden Brabbeln werden allmählich einzelne Worte, bis schließlich richtiges Sprechen zu hören ist.

Am Verlauf dieser Entwicklung läßt sich leicht erkennen, daß schon die allerersten Laute einfache, ursprüngliche Signale sind, die bei aller Undeutlichkeit als Bindeglied zwischen Baby und Mutter dienen.

Die Bedeutung der Laute und des Weinens

Haben diese allerersten Laute jedoch auch eine Bedeutung in dem Sinn, daß sie bestimmte Botschaften vermitteln? Um diese Frage zu beantworten, haben Forscher unter anderem untersucht, ob sich die Art des Weinens von Situation zu Situation unterscheidet. Wenn das Weinen wirklich verschiedene Botschaften enthält, dann ist anzunehmen, daß sich die Art des Weinens verändert, je nachdem, welches Bedürfnis dadurch mitgeteilt wird. Durch die Analyse von Lautspektogrammen weinender Säuglinge, deren jeweilige Bedürfnisse bekannt waren, haben Forscher tatsächlich herausgefunden, daß die Art zu weinen je nach Bedürfnis variierte. Man identifizierte drei grundlegende Arten des Weinens: das Weinen aus Hunger, das Weinen aus Wut und das Weinen aus Schmerz. Diese drei Arten des Weinens unterscheiden sich voneinander im Hinblick auf Klangmuster, Tonhöhe und Dauer.

Die Deutung der Botschaft des Weinens

Obwohl das Weinen ein wirkungsvoller Weg ist, Erwachsene herbeizurufen, ist es als Botschaft unklar und darum oft schwer zu interpretieren. Erwachsene, denen im Rahmen von Studien Tonbandaufnahmen weinender Kinder vorgespielt wurden, deuteten das jeweilige Weinen höchst unterschiedlich. Das Alter des Erwachsenen, sein Geschlecht, seine Lebensumstände, seine innere Verfassung und seine Vorerfahrung mit Kindern, all dies beeinflußt offenbar seine Fähigkeit, das Weinen richtig zu verstehen.

Bei der Analyse der Reaktionen von Erwachsenen auf das Weinen eines Babys entdeckte man zwei entscheidende Faktoren: die Intensität und die Dauer des Weinens. Je heftiger das Weinen ist und je länger es anhält, desto stärker wird es von Erwachsenen mit Schmerz in Verbindung gebracht. Hunger-, Wut- und Schmerzweinen unterscheiden sich in Intensität und Dauer, und das Weinen aus Schmerz ist dabei am heftigsten und hält am längsten an. Bei langem, heftigem Weinen denkt der Zuhörer an Schmerz, so daß es auf den ersten Blick scheint, als herrsche beste Übereinstimmung zwischen dem Weinen und seiner Deutung.

Die Situation ist jedoch weit weniger klar, als sie aussieht. Untersucht wird das Weinen nämlich, wenn es beginnt, das heißt die vorgespielten Bänder sind Aufnahmen von Babys, die gerade angefangen haben zu weinen. Wird ein hungriges Baby aber nicht gefüttert, dann weint es mit der Zeit immer heftiger – bis es so klingt, als weine es aus Schmerz. Diese erhöhte Intensität, die ich in diesem Buch Erregung nenne, verdeckt so die ursprüngliche Botschaft des Weinens.

Genau dies ist der Kern der Verständigungsprobleme zwischen Eltern und Baby, und zwar bei allen Eltern. Das Baby verständigt sich in den ersten Lebenswochen über ein uneindeutiges, nicht-sprachliches System, das ausschließlich aus Weinen und Schreien besteht. Anfänglich mag es möglich sein, anhand von Klang, Dauer und Intensität zu erkennen, ob ein Baby aus Hunger, Wut oder vor Schmerz weint, doch schon nach einer kurzen Weile wird jedes Weinen heftig und langanhaltend – dem Weinen aus Schmerz genau gleich. Die Hauptschwierigkeit liegt dann darin, zu erkennen, ob ein Säugling wirklich aus Schmerz weint oder nicht.

Den Schmerz als Ursache ausschließen

Wenn Sie langem, heftigem Weinen zuhören und dieses Weinen von Ihrem Baby kommt, dann ist es schwer, als Ursache etwas anderes als Schmerz anzunehmen, selbst wenn Sie wissen, daß es nicht so ist; und wenn keiner Ihrer Versuche, das Baby zu beruhigen, eine Wirkung zeigt, dann ist es nur natürlich, daß Sie glauben, es leide unter Schmerzen. Bei liebenden Eltern erweckt das Weinen ihres Kindes Mitgefühl, das dringende Verlangen zu helfen sowie größte Besorgnis. Wenn wir dann überlegen, wie wir das weinende Kind beruhigen könnten, dann wenden wir uns oft zuerst uns selbst zu, das heißt, wir identifizieren uns mit dem Baby und projizieren unser eigenes Verständnis vom Grund des Weinens auf das Kind.

Erwachsene weinen, wenn sie äußerst unglücklich sind oder große Schmerzen haben, aber gewöhnlich nicht aus Hunger, Müdigkeit oder anderen Nöten des Daseins. Indem sie ihre eigene Erfahrung vom Weinen in das Baby hineindeuten und Schmerz vermuten, wo keiner ist, versehen sie das Weinen des Säuglings mit einer Dringlichkeit, die es in Wirklichkeit gar nicht hat.

Wie können Sie angesichts all dieser guten Gründe, sich zu sorgen, ob das Weinen Ihres Kindes Schmerz bedeutet, sicher sein, daß das Baby nicht aus Schmerz weint? Lassen Sie mich bei der Beantwortung dieser Frage zunächst auf unsere ursprüngliche Definition des Bauchwehsyndroms zurückkommen: übermäßiges Weinen bei gesunden Säuglingen.

Gesunde Babys haben keine Schmerzen. Ein Baby, das aus Schmerz weint, paßt nicht in unsere Definition, denn Schmerz bedeutet, daß ein medizinisches Problem vorliegt. Gegen Milch allergische Kinder leiden nicht nur an Durchfall und Erbrechen, sondern oft auch unter Schmerzen.

Der einzige Weg, wie Sie feststellen können, ob Ihr Kind völlig gesund und damit frei von Schmerzen ist, ist der, Ihren Arzt zu konsultieren. An diese Regel müssen Sie sich unbedingt halten, sie ist der erste Schritt des in diesem Buch beschriebenen Bauchwehverhütungsprogramms.

Um Schmerz als Ursache auszuschließen, wird sich der Arzt auf zwei Dinge stützen. Das erste ist eine sorgfältige Bestandsaufnahme der medizinischen Vorgeschichte, die der Arzt von Ihnen erhalten wird, und das zweite ist eine vollständige gründliche ärztliche Untersuchung. Sie müssen darum so genau wie möglich beobachten, wie Ihr Kind sich verhält. Ich weiß, daß das schwierig sein kann, wenn Sie, wie es Eltern „bauchwehkranker" Kinder oft geht, erschöpft, angespannt und durcheinander sind, doch für den Arzt ist das, was Sie ihm berichten, das wichtigste Werkzeug zur genauen Beurteilung.

Es mag darum hilfreich sein, wenn Sie Ihre täglichen Beobachtungen aufschreiben; Dinge wie Erbrechen und Durchfall, Verstopfung, Erkältungssymptome, Husten, eine verstopfte Nase und Hautausschläge. Vermerken Sie auch alle Medikamente, die Sie dem Kind gegeben haben.

Theoretisch sollten Sie solche Informationen nicht von sich aus mitteilen müssen; es ist die Aufgabe des Arztes, Sie nach diesen Dingen ausdrücklich zu fragen. Oft aber sind sowohl Sie als auch der Arzt von dem Problem des Weinens so in Anspruch genommen, daß andere Bereiche leicht übersehen werden. Die folgende Geschichte des Babys Mark zeigt Ihnen, wie das komplizierte Leben mit einem „bauchwehkranken" Baby es sowohl dem Arzt als auch den Eltern schwermachen kann, herauszufinden, was wirklich los ist.

Die Geschichte von Mark

Mark wurde im Alter von fast vier Monaten wegen andauernden Bauchwehs an mich überwiesen. Seine Mutter hatte als Börsenmaklerin einen Beruf, der sehr viel von ihr verlangte, und die Angelegenheit wurde noch dadurch erschwert, daß sie unter schweren chronischen Magen-Darm-Beschwerden litt.

Als ich sie traf, hatte sie gerade einen Rückfall, der ihr große Schmerzen bereitete, und sie war beunruhigt bei dem Gedanken, vielleicht ins Krankenhaus zu müssen. Der Streß der Sorgen um ihr Baby, ihren Beruf und die eigene Gesundheit hatten die Atmosphäre in der Familie hochgradig belastet.

Marks Vater war Bauunternehmer, und wenn er zu Baustellen reiste, war er oft wochenlang außer Haus. Mark wurde der Obhut einer Babysitterin übergeben, wenn seine Mutter zur Arbeit ging, doch wenn sie wegen ihrer Krankheit daheim blieb, fand sie diese Ausgabe unnötig und behielt Mark bei sich.

In seiner vierten Lebenswoche hatte Mark begonnen, immer wieder heftig, lang anhaltend und untröstlich zu weinen. Dies tat er zu Hause und auch bei der Babysitterin. Wie zu erwarten war, diagnostizierte der Kinderarzt Bauchweh, riet den Eltern, abzuwarten und gute Miene zum bösen Spiel zu machen, und versicherte, das Weinen höre von selber auf, sobald Mark drei Monate alt sei.

In seinem vierten Monat weinte Mark noch genauso. Bald war die Konfusion im Haus, emotional wie organisatorisch, unerträglich geworden. Die Krankheit der oft vom Schmerz geschwächten Mutter stieß die Pläne der Familie immer wieder um. Da der Vater oft zu dringenden Fällen gerufen wurde, waren seine Dienstreisen nie vorherzusehen. Die Babysitterin trug weiter zu der Spannung bei, da sie ihre Zeiten mit Mark geplant haben oder sich einen Ersatz für ihn suchen wollte, wenn er nicht regelmäßig komme. Die Mutter war insgeheim im Zweifel, ob es, nicht nur im Interesse von Marks Wohlergehen, sondern auch ihrer eigenen Gesundheit zuliebe, überhaupt vernünftig war, ganztags zu arbeiten. Der Hausarzt der Familie beruhigte sie weiterhin damit, Marks Weinen sei ganz normal, das Bauchweh sei harmlos und habe auf lange Sicht keine schlimmen Folgen. Als Mark acht Wochen alt gewesen war, hatte der Arzt der Mutter gesagt, vier Wochen später sei alles ausgestanden. In der zehnten Woche hatte er versichert, sie brauche nur noch zwei Wochen

durchzuhalten, dann erscheine ihr alles wie ein böser Traum. Als die zwei Wochen vorüber waren, wußte er keine Ratschläge mehr. Er überwies Mark an die Abteilung für innere Medizin des Kinderkrankenhauses von Philadelphia, und dort lernte ich schließlich die Familie kennen.

Mir fiel sofort auf, wie ungemein kompliziert die Situation in dieser Familie war: eine Mutter, die von ihrer Karriere ganztags beansprucht wurde und gleichzeitig von einer Magen-Darm-Erkrankung geschwächt war, ein Vater, der durch seinen zeitraubenden Beruf oft wochenlang außer Haus war, eine gereizte Babysitterin und ein bauchwehkrankes Baby. Die Mutter litt nicht nur unter den beim Bauchwehsyndrom üblichen Schuldgefühlen und Selbstzweifeln, sondern befürchtete außerdem, das Baby habe ihre Krankheit geerbt.

Bei der Bestandsaufnahme von Marks medizinischer Vorgeschichte schien das Weinen sogar für ein Kind mit Bauchwehsyndrom extrem zu sein. Mark war schon mitten im vierten Lebensmonat und weinte noch immer sechs bis sieben Stunden am Tag! Bei der Untersuchung auf mögliche Krankheiten stellte ich die üblichen Fragen: Hatte er jemals Durchfall gehabt? Nein. Erbrechen? Nein. Waren Wachstum und Gewichtszunahme normal? Ja. Gab man dem Baby Medikamente, oder waren ihm früher irgendwann Arzneimittel verabreicht worden? Ja, als er acht Wochen alt war, hatte der Arzt ihm Bentyl verschrieben, doch das hatte an dem Weinen überhaupt nichts geändert. Hatte Mark irgendwelche anderen Beschwerden, von denen ich als Arzt wissen sollte? Nein, keine.

Ich ließ Mark ins Untersuchungszimmer bringen, um festzustellen, ob er gesund war. Kopf, Ohren, Nase und Hals waren in Ordnung. Die Atmung war klar, der Herzschlag ohne Nebengeräusche. Als ich seinen Bauch abtastete, spürte ich zu meiner Überraschung auf der linken Seite eine große Menge Stuhl, ein recht ungewöhnlicher Befund. Ich untersuchte ihn rektal und entdeckte große Mengen Stuhl, die im Darm festsaßen. Es war der schlimmste Fall von Verstopfung, den ich jemals bei einem Jungen dieses Alters erlebt hatte.

„Sie haben nicht erwähnt, daß Mark unter Verstopfung leidet", sagte ich zu seiner Mutter, während ich die Untersuchung fortsetzte.

„Oh", erwiderte sie. „Habe ich das nicht? Ja, er hatte früher manchmal harte Stühle. Ich sprach einmal bei einer Routineuntersuchung mit unserem Arzt darüber, und er empfahl, ich solle Mark Karosirup und Wasser geben."

„Und haben Sie das getan?"

„Ja, das habe ich."

Ich fragte, ob der Arzt das Problem weiterverfolgt habe durch Anrufe oder Fragen bei der nächsten Untersuchung von Mark. „Nein", erwiderte sie. Es stellte sich heraus, daß er Mark weder rektal untersucht noch jemals wieder über Marks Verstopfung gesprochen hatte.

Ich war sicher, daß Marks schwere Verstopfung an seinem Weinen schuld war. Er litt zweifellos unter Bauchkrämpfen, aber nicht am Bauchwehsyndrom. Dieses Baby war nicht völlig gesund, es hatte ein medizinisches Problem, das Schmerzen verursachte. Ich verschrieb Mark verschiedene Einläufe, erklärte der Mutter die Handhabung und begann dann, das Baby mit Magnesiummilch zu behandeln. Mit dieser Therapie wurden seine Stühle weich, und das Weinen ließ bald nach.

Mit Marks Geschichte möchte ich einige wesentliche Punkte verdeutlichen. Zuerst, wie wichtig es ist, wirklich sicherzugehen, daß Ihr Baby keine gesundheitlichen Probleme hat, die ihm Schmerzen bereiten, bevor Sie mit dem Programm in diesem Buch beginnen. Das Programm ist nur für die Kinder gedacht, die am Bauchwehsyndrom leiden, also Babys, die völlig gesund sind, aber übermäßig viel weinen. Mark hatte kein Bauchwehsyndrom, sondern körperliche Schmerzen, die von schwerer Verstopfung verursacht waren. Zweitens möchte ich aufzeigen, daß sich anhand einer sorgfältigen Untersuchung der Vorgeschichte und des Gesundheitszustandes erkennen läßt, ob Ihr Kind an körperlichen Beschwerden leidet, die Schmerzen verursachen. Diese Möglichkeit scheidet aus, wenn die Vorgeschichte und der ärztliche Befund normal sind. Und schließlich, wie entscheidend es ist, daß der Arzt, der Ihr Kind untersucht, es wirklich ernst nimmt, wenn ein Baby übermäßig viel weint. Bringen Sie Ihr Kind nicht zu einem Arzt, der der Meinung ist, das übermäßige Weinen beim Bauchwehsyndrom sei auf das unausgereifte Nervensystem des Kindes zurückzuführen, es sei harmlos und verschwinde von selbst.

Zeigt schon die Geschichte von Mark, wie gefährlich eine solche Einstellung ist, so wird dies in dem folgenden Bericht über das Baby Joy noch dramatischer veranschaulicht.

Die Geschichte von Joy

Frau McGlynn kam mit ihrer sieben Monate alten Tochter Joy, die ständig weinte, zu mir in die Sprechstunde. Das Baby hatte im Alter von drei Wochen begonnen, immer wieder heftig und lang anhaltend zu weinen, und die Dauer dieser Weinphasen hatte stetig zugenommen, bis sie in der fünften Woche bei etwa vier Stunden unablässigen Weinens lag. Der Kinderarzt, den Frau McGlynn aufsuchte, meinte, es gebe keinen Grund zur Beunruhigung, das Baby habe eben Bauchweh und werde sich bis zum dritten Monat von selbst erholen.

Als sie vier Monate alt war, weinte Joy jedoch noch immer und mehr als je zuvor, und nichts, was ihre Mutter tat, konnte sie beruhigen. Der Kinderarzt diagnostizierte jetzt, Joy bekomme die Milchzähne, das Weinen sei ein Hinweis auf wundes Zahnfleisch, und es sei darum nur natürlich, daß sie weine.

Als das Mädchen dann fünf Monate alt war und ihr anhaltendes Weinen die Atmosphäre im Haus allmählich zerrüttete, rief der Kinderarzt nach einer Routineuntersuchung des Babys Frau McGlynn in sein Sprechzimmer und deutete an, sie sei über das Weinen viel zu sehr beunruhigt und „verziehe" das Kind in Wirklichkeit nur mit ihrer ständigen Sorge. Der Rat des Arztes war gut gemeint, doch seine

Aussage unmißverständlich: Frau McGlynn war neurotisch und das Weinen des Kindes nur ein Ausdruck der psychischen Probleme der Mutter. Der Arzt erinnerte Frau McGlynn an ihre früheren Schwierigkeiten, ein Kind zu bekommen (sie war drei Jahre lang in fachärztlicher Behandlung gewesen, bis sie endlich schwanger geworden war), und er vermutete, das lang ersehnte Baby spreche nun einfach nicht auf die Art an, wie sie als Mutter mit ihm umgehe. Möglicherweise sei Joy deshalb so durcheinander, weil ihre Mutter sie mit ihrem starken Wunsch nach einer Reaktion überfordere.

Frau McGlynn war von dieser Diagnose hochgradig bestürzt und durcheinander, und sie war nahe daran zu glauben, der Arzt habe recht. Joy weinte mittlerweile acht Stunden am Tag, und Frau McGlynn hatte seit fast sechs Monaten nicht mehr ausreichend geschlafen. Sie schwankte zwischen Haß auf das Baby und Haß auf sich selbst als unfähige Mutter. Dennoch spürte sie instinktiv, daß mit Joy etwas nicht in Ordnung war, irgend etwas anderes als Bauchweh oder Milchzähne, doch ihr angeschlagenes Selbstbewußtsein unterdrückte diese innere Stimme, die ihr mit der Ahnung, daß etwas nicht in Ordnung war, keine Ruhe ließ. Sie fühlte sich psychisch wirklich überanstrengt und glaubte, ihre großen Erwartungen an das Kind seien irgendwie an dem Weinen schuld. Für Frau McGlynn waren Ärzte Autoritätspersonen, deren Meinung man nicht anzweifelte oder in Frage stellte, und darum sprach sie über ihre Zweifel nicht mit dem Arzt, sondern wandte sich an ihre Freunde.

Glücklicherweise arbeitete eine ihrer besten Freundinnen in meiner Praxis als Sprechstundenhilfe, und diese berichtete mir von der Situation und fragte mich, was ich darüber denke. Ich erwiderte, das Mädchen weine wirklich einfach zuviel. Etwas müsse geschehen, meinte ich, und ich würde die Familie gern einmal in meiner Sprechstunde sehen. Es war nicht leicht, Frau McGlynn von einem Besuch bei mir zu überzeugen. Sie glaubte, es

sei ihrem Arzt gegenüber nicht loyal, wenn sie die Meinung eines anderen einhole, und fürchtete, sie könne den Arzt damit kränken.

Als Frau McGlynn ihre Tochter schließlich zu mir brachte, untersuchte ich das Baby, wobei mir gleich die lange, schmale Kopfform auffiel. Ich fragte die Mutter, ob sich der erste Kinderarzt jemals dazu geäußert habe, und sie berichtete mir, er habe einmal gesagt, die natürlichen Öffnungen (Nähte) zwischen den Schädelknochen eines Säuglings wüchsen bei Joy offenbar früher als üblich zusammen, doch er schien darüber nicht beunruhigt. Es war ihm nämlich aufgefallen, daß Frau McGlynn selbst einen langen, schmalen Kopf hatte, und meinte, diese Kopfform liege wahrscheinlich in der Familie.

Mein Verdacht war jedoch, bei Joy liege eine Craniosynostose vor, ein unnormal frühes Verwachsen der Schädelnähte bei heranwachsenden Babys. Der Schädel des Säuglings besteht aus fünf Knochenplatten, die solange voneinander getrennt bleiben, wie sich das Gehirn im Wachstum befindet. Gewöhnlich beginnen sie erst irgendwann nach dem ersten Lebensjahr zusammenzuwachsen. Im Falle der Craniosynostose jedoch setzt der Verwachsungsprozeß, meist nur an einer der Nähte, vorzeitig ein, und diese frühe Verschmelzung zweier Schädelknochen führt zu einer Mißbildung des Schädels, die meist nur ein kosmetisches Problem darstellt.

Bei der Bestandsaufnahme von Joys medizinischer Vorgeschichte beschrieb mir Frau McGlynn das dauernde Weinen des Mädchens und berichtete auch davon, daß das Kind sich gelegentlich den Kopf anschlage. Sie vertraute mir ihre Vermutung an, dieses Anschlagen des Kopfes sei ein Hinweis darauf, daß Joy starke Schmerzen habe, doch der frühere Kinderarzt sei nicht dieser Meinung gewesen und habe ihr weiter versichert, all diese Anzeichen eines möglichen Leidens würden bald von selbst verschwinden.

Ich war mir selbst nicht sicher, wie ich all dies deuten sollte: Verdacht auf Craniosynostose, Anschlagen des Kopfes, übermäßiges

Weinen. Ich hatte gelernt, Craniosynostose sei ein rein kosmetisches Problem, und hatte diese körperliche Anomalie darum nie mit Schmerz in Verbindung gebracht. Hier hatte ich jedoch ein Kind vor mir, das sowohl diese Mißbildung zeigte als auch eine äußerst schwere Form übermäßigen Weinens, und ich mußte in Betracht ziehen, daß beides miteinander zu tun hatte. Vielleicht, dachte ich, erhöhte sich der Druck im Gehirn dadurch, daß die Nähte sich schlossen, und wenn das stimmte, würde das ganz gewiß zu äußerst starken Schmerzen führen.

Ich rief den Leiter der neurochirurgischen Abteilung am Kinderkrankenhaus von Philadelphia an und fragte ihn, ob es seines Wissens einen Zusammenhang gebe zwischen Craniosynostose und erhöhtem Druck auf das Gehirn. Er erzählte mir von Berichten aus Frankreich, die erst kürzlich eine solche Verbindung beschrieben hatten. Ich berichtete von Joy und fragte ihn, ob er glaube, daß die Craniosynostose ihr sehr starke Kopfschmerzen verursache, und er meinte, daß sei ganz bestimmt der Fall und bat darum, das Baby sehen zu dürfen. Ich versprach, Frau McGlynn dies vorzuschlagen, und als ich ihr mein Gespräch mit dem Neurochirurgen schilderte, war sie mit einem Besuch seiner Sprechstunde einverstanden.

Die Untersuchung des Neurochirurgen bestätigte den Befund Craniosynostose, und der Arzt vermutete, daß sich die Nähte wahrscheinlich schon bei der Geburt geschlossen hatten. Er war sicher, daß der erhöhte Druck auf das Gehirn zu Schmerzen führte. Ein chirurgischer Eingriff behob die Mißbildung, und schon zwei Wochen später weinte Joy nicht mehr als andere Kinder ihres Alters.

Nach ihrem ersten Besuch bei mir hatte ich Frau McGlynn gebeten, über das Verhalten von Joy ein Tagebuch zu führen. Diese Aufgabe verordne ich routinemäßig jeder Familie, die mit einem übermäßig weinenden Baby zu mir kommt (und sie ist ein grundlegender Bestandteil des Programms in diesem Buch). Das Tagebuch zeigte, daß Joy am Tag durch-

schnittlich sieben Stunden weinte, eine unglaublich lange Dauer für ein sieben Monate altes Baby. Das Leben ihrer Mutter mußte in den Monaten zuvor wirklich entsetzlich gewesen sein, und dennoch hatte der Arzt behauptet, sie mache zuviel Aufhebens um das Weinen des Kindes. Dies war wirklich ein krasses Beispiel dafür, wie ein Arzt völlig darin versagen konnte, das Weinen eines Babys ernst zu nehmen, und es zeigt ganz deutlich, wie groß die Gefahren einer solchen Einstellung sind.

Mit diesem Bericht über die kleine Joy möchte ich Sie nicht erschrecken oder gar glauben machen, Craniosynostose sei der Grund für das Weinen Ihres Kindes. Ein solches Krankheitsbild ist nicht häufig, und in Verbindung mit Schmerz tritt es noch seltener auf. Statt dessen soll Ihnen dieser Fall zeigen, wie ungemein wichtig es ist, daß Sie Ihr Baby einem Arzt vorführen, um sicherzugehen, daß keine körperlichen Ursachen für Schmerzen vorliegen. Ich möchte Sie auch noch einmal nachdrücklich darum bitten, Ihr Kind zu einem Arzt zu bringen, der das Symptom des Weinens wirklich ernst nimmt und darum dem, was Sie berichten, aufmerksam zuhört und Ihr Baby gewissenhaft untersucht.

Joy litt nicht am Bauchwehsyndrom. Sie war kein normal gesundes Baby, sondern hatte ein körperliches Leiden, durch eine Untersuchung eindeutig zu erkennen, das ihr Schmerzen bereitete. Eine entsprechende Behandlung wurde verzögert, da der Arzt ihr übermäßiges Weinen nicht für ein wichtiges Symptom hielt, dessen Ursachen hätten geklärt werden sollen.

Wenn ich ein Baby untersuche, das viel weint, und die Vorgeschichte und der medizinische Befund liefern keine Anhaltspunkte für irgendein gesundheitliches Problem, dann bin ich sicher, daß der Säugling nicht aus Schmerz weint. Andererseits aber können auch Ärzte, die bei übermäßig weinenden Babys von vornherein annehmen, es leide unter Unterleibsschmerzen, ohne sich um die Krankengeschichte zu kümmern oder das

Kind zu untersuchen, eine richtige Behandlung genauso hinauszögern, wie es der Arzt von Joy tat. Die folgende Fallstudie verdeutlicht dies.

Die Geschichte von Allen

Bisher galt unsere Aufmerksamkeit dem Problem, wie man Schmerzen als Ursache ausschließt, indem man lernt, das Weinen des Säuglings richtig zu interpretieren. Bevor wir nun dieses schwierige Thema verlassen, um Lösungen zu erörtern, möchte ich Ihnen an einem weiteren Beispiel zeigen, wie gefährlich es sein kann, an herkömmlichen Meinungen über das Bauchwehsyndrom festzuhalten und dadurch eine richtige Deutung des Weinens des Kindes zu verhindern. In den Berichten über Mark und Joy waren beide Ärzte Anhänger der Theorie des unausgereiften Nervensystems und glaubten darum nicht an Schmerz als Ursache des Weinens. Doch in der folgenden Geschichte des kleinen Allen war der Arzt von der zweiten beliebten Theorie über das Bauchwehsyndrom überzeugt, daß das Baby nämlich wirklich Unterleibsschmerzen habe und deshalb weine.

Allen Johnson war fünf Monate alt, als ich ihn zum ersten Mal in meiner Praxis sah, und im Gespräch mit seinen Eltern wurde mir sofort klar, daß das Problem wirklich beunruhigend sein mußte, denn sie waren fast 200 km gefahren, um mich aufzusuchen. Sie berichteten, im Alter von drei Wochen habe Allen begonnen, immer wieder lang anhaltend und untröstlich zu weinen. Der Kinderarzt stellte die Diagnose Bauchschmerzen, verursacht durch eine Allergie gegen Milcheiweiß. Ich erkundigte mich, ob das Kind jemals an Erbrechen, Durchfall oder Verstopfung gelitten oder ob eine Untersuchung irgendeinen krankhaften Befund ergeben habe, was die Mutter verneinte. Trotz des Fehlens derartiger Symptome hielt der Arzt an seiner Überzeugung, Allen habe Schmerzen, fest und empfahl, die Babynahrung zu wechseln, da er glaubte, das aus Kuhmilchprotein gewonnene Similac sei an dem Weinen Schuld.

Man versuchte es zuerst mit Isomil, das auf Sojabohnen basiert. Als Frau Johnson zwei Wochen später berichtete, Allens Weinen sei unverändert, verschrieb der Arzt Nutramigen (ein Präparat, das, wie ich an früherer Stelle erwähnt habe, gar keine Allergie auslösen kann). Allen weinte weiter vier bis fünf Stunden am Tag. Schließlich versuchte der Arzt ein weiteres Sojabohnenpräparat, Nursoy, und als auch dies keine Wirkung zeigte, verschrieb er das dem Nutramigen ähnliche Progestimil.

Allen weinte unverändert, und der Arzt glaubte weiterhin daran, der Grund seien Schmerzen. Er suchte jetzt den Schuldigen nicht mehr in der Babynahrung, sondern in anderen Möglichkeiten: Magengeschwüre oder Sodbrennen. Zwar untersuchte er nicht, ob diese Beschwerden wirklich vorlagen, doch er verordnete Medikamente zu ihrer Behandlung. Zwei davon waren magensäurebindende Mittel – Maalox und Mylanta –, ein weiteres war Reglan, das verhindert, daß Magensäure in die Speiseröhre dringt und dort Sodbrennen auslöst.

Bei der Betrachtung dieser Vorgeschichte versuchte ich mir vorzustellen, was jener Arzt sich dabei gedacht hatte. Er schien zu hoffen, daß er irgendwann auf die richtige Lösung stoßen würde, wenn er nur genügend Behandlungsmethoden ausprobierte. Zum Glück für Allen gaben seine Eltern die Suche nach einer Behandlung, die dem Kind helfen würde, nicht auf. Nach jedem erfolglosen Therapieversuch gingen sie beharrlich weiter zu ihrem Arzt und fragten nach einem neuen Rat. Der Arzt ließ sich völlig von seiner Überzeugung leiten, das Weinen werde durch Schmerzen im Bauch ausgelöst, und versuchte darum jede Therapie, die jemals für Bauchschmerzen bei Babys entwickelt worden war, obwohl es gar keine Beweise dafür gab, daß das Kind wirklich Schmerzen hatte.

Allen war jetzt drei Monate alt und weinte noch immer vier bis fünf Stunden täglich. Da das Bauchweh den Lehrbüchern zufolge im dritten Monat verschwindet, überwies der

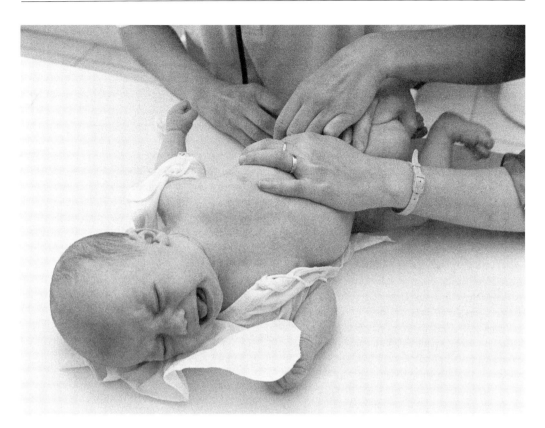

Kinderarzt ihn schließlich an einen der führenden Fachärzte der Stadt für Magen-Darm-Erkrankungen bei Kindern. Auch dieser Spezialist glaubte, Allen leide an Unterleibsschmerzen, und er verschrieb Levsin, ein Spasmolytikum. Er verordnete außerdem Phenobarbital, ein Medikament, das wegen seiner krampflösenden Eigenschaften meist gegen epileptische Anfälle, gelegentlich aber auch als Beruhigungsmittel eingesetzt wird. Ich konnte nur raten, warum er gerade dieses Medikament bei Allen versuchte. Vielleicht konnte er sich den Fall einfach nicht erklären und glaubte, es helfe, wenn man das Baby ruhigstelle. Was immer er sich gedacht haben mag, es funktionierte nicht. Jedesmal, wenn Allen wieder einen langen Weinanfall hatte, riefen die Johnsons den Spezialisten an, und dieser erhöhte die Phenobarbitaldosis, jedoch ohne Erfolg.

Die Johnsons gaben ihrem Kind diese Medikamente nur sehr ungern, doch absetzen wollten sie sie auch nicht, da Allen ja vielleicht doch ernste Magen-Darm-Beschwerden hatte. Schließlich entschlossen sie sich, eine zweite Meinung einzuholen, und riefen die Abteilung für innere Medizin am Kinderkrankenhaus von Philadelphia an, wo sie an mich weiterverwiesen wurden.

Die Johnsons waren nicht nur über das ständige Weinen besorgt, sondern auch über Allens sonstiges Verhalten. „Nie sieht er glücklich aus", erzählte seine Mutter. „Er lächelt nie, macht keine Töne und Laute, lacht nie, ist nicht einmal unruhig, er weint einfach nur die ganze Zeit." Frau Johnson, eine Lehrerin, hatte schon ein jetzt fünf Jahre altes Kind und wußte von daher, wie sich ein Baby in Allens Alter normalerweise verhielt.

Bis auf das übermäßige Weinen war Allens Vorgeschichte völlig normal, und auch die Untersuchung ergab keine krankhaften

Befunde. Ich war mir daher sicher, daß er weder aus Bauchkrämpfen noch wegen anderer Schmerzen weinte. Ich behandelte ihn nach dem in diesem Buch beschriebenen Verfahren, und schon zwei Wochen später hatte das Weinen nachgelassen. Und nicht nur das: Nach zwei Monaten rief Frau Johnson mich an und erzählte begeistert, Allen sei jetzt ein glückliches, ganz normales sieben Monate altes Baby. Er lächele, lache, brabble und lalle, sei manchmal unruhig und, ja, weine auch gelegentlich.

Die Geschichten von Mark und Joy zeigen, was geschehen kann, wenn man das Weinen eines Babys für bedeutungslos hält, also nicht daran glaubt, daß es etwas mitzuteilen habe. In dem Bericht über den kleinen Allen liegt der umgekehrte Irrtum vor. Die behandelnden Ärzte waren so sehr von dem Gedanken überzeugt, das heftige Weinen sei ein Zeichen für Schmerz, daß es ihnen nie in den Sinn kam, Allen könne damit andere Nöte ausdrücken wollen. Die Meinung von Allens Arzt, das Kind leide an Unterleibsschmerzen, an der er trotz fehlender Hinweise in Krankengeschichte und Untersuchungsbefund festhielt, war genauso unsinnig wie der Glaube der Ärzte von Mark und Joy, das Weinen der beiden Kinder habe trotz auffälliger Vorgeschichte und Untersuchungsergebnissen mit Schmerzen nichts zu tun.

Die Botschaft dieser drei Berichte ist einfach: Bringen Sie Ihr Kind zu einem Arzt. Lassen Sie ihn die Vorgeschichte aufnehmen und eine eingehende Untersuchung durchführen. Denken Sie daran, daß übermäßiges Weinen an sich noch kein Zeichen für Schmerz ist und daß Ihr Kind nicht schon deshalb aus Schmerz weint, weil es so aussieht, als tue ihm etwas weh. Wenn der ärztliche Befund nichts ergibt, was auf körperlichen Schmerz bei Ihrem Baby schließen läßt, und der Arzt ihre Sorge über das unablässige Weinen des Kindes weiterhin ernst nimmt, dann dürfen Sie sich entspannen in der Gewißheit, daß Ihr Baby nicht weint, weil es unter Schmerzen leidet.

Überprüfen Sie, ob Ihr Arzt das Weinen des Babys ernst nimmt, indem Sie ihn offen darüber befragen.

Wie Sie Ihre Zweifel überwinden

An dieser Stelle wollen wir annehmen, daß Sie Ihr Baby sorgfältig beobachtet und Ihre Wahrnehmungen für den Arzt aufgeschrieben haben. Sie haben einen Arzt gefunden, dem Sie vertrauen und der Ihr Kind eingehend untersucht und sich mit seiner Vorgeschichte befaßt hat. Der ärztliche Befund besagt, alles sei in Ordnung. Sind Sie sich nun wirklich sicher, ohne irgendeinen heimlichen Zweifel, daß Ihr Baby völlig frei von Schmerzen ist? Meiner Erfahrung nach fällt es Eltern sehr schwer, den Glauben aufzugeben, ihr ständig weinendes Baby leide unter Schmerzen. Wie ich an früherer Stelle gezeigt habe, ist es ein natürlicher Instinkt, der Eltern auf das Weinen Ihres Babys mit Alarmbereitschaft reagieren läßt, und Alarmbereitschaft heißt, sich bewußt zu sein, daß das Kind möglicherweise in Gefahr ist oder Schmerzen hat. Das größte Hindernis bei der erfolgreichen Behandlung des Bauchwehsyndroms ist, die Eltern davon zu überzeugen, daß ihr gesundes Baby nicht weint, weil ihm etwas weh tut, sondern weil es etwas mitteilen will. Deshalb möchte ich darauf noch etwas näher eingehen, bevor wir uns dann dem Thema zuwenden, wie man das Weinen eines gesunden Babys deutet.

Was Sie als Eltern brauchen, ist das Vertrauen darauf, daß die gründliche Bestandsaufnahme und die sorgfältige Untersuchung des Arztes die Herkunft körperlicher Schmerzen zuverlässig aufdecken können. Ihnen ist wahrscheinlich nicht bewußt, daß Sie ein solches Vertrauen zur ärztlichen Kunst bei anderen Problemen schon hergestellt haben. Zu den häufigsten Krankheitsbildern, mit denen Kinderärzte zu tun haben, gehören Ohrentzündungen, gewiß eine der weitverbreitetsten Ursachen von Schmerzen bei Kindern. Hat das Kind schon sprechen gelernt, dann ist die Diagnose einer solchen Infektion einfach: das Kind klagt über Ohrenschmerzen, und der Arzt sieht sich dann das Ohr an, um festzustellen, ob eine Entzündung vorliegt.

Der Vorgang ist schwieriger, wenn das Kind noch nicht sprechen kann, vor allem, wenn es das erste Kind der Eltern ist. Viele Eltern sind sogar überrascht, wenn bei ihrem ersten Kind eine Ohrinfektion diagnostiziert wird. Stellen Sie sich zum Beispiel ein neun Monate altes Baby vor, das Fieber und Erkältungssymptome hat und die ganze Nacht weint. Für die Eltern ist klar, daß das Kind krank ist, und sie bringen es zu einem Arzt zur Behandlung. Da sie annehmen, das Weinen sei ein Zeichen für das allgemeine Unwohlsein ihres Babys, sind sie überrascht, wenn sie erfahren, daß das Kind an einer Ohrentzündung leidet und darum wohl vor Schmerzen weint.

Der Arzt gibt ein Antibiotikum, die Infektion geht zurück, und das Baby hört auf zu weinen, obwohl es noch immer Erkältungsbeschwerden hat. Die Eltern sind jetzt von der Diagnose des Arztes überzeugt, das Baby habe wegen seiner Ohrenschmerzen geweint. Wenn das Kind dann wieder einmal heftig weint, vermuten die Eltern gleich Ohrenschmerzen als möglichen Grund, aber konsultieren natürlich den Arzt, um ganz sicher zu sein. Der Arzt untersucht das Kind, stellt jedoch keine Ohrinfektion fest. Diesmal akzeptieren es die Eltern, daß sie sich geirrt haben, als sie den Grund für das Weinen in Ohrenschmerzen sahen.

Wenn die Eltern beim Bauchwehsyndrom befürchten, ihr Baby habe Schmerzen im Bauch, dann stützt sich ihre Vermutung auf die Art, wie das Kind weint. Die Aufregung, der angespannte Bauch, das zornige Gesicht, die laute Stimme und die Heftigkeit des Weinens, all dies läßt sie an Schmerzen denken. Doch wenn ich als Kinderarzt nach Bestandsaufnahme und Untersuchung nichts Ungewöhnliches oder Krankhaftes entdeckt habe und keine anderen Symptome als das Wei-

nen selbst zu sehen sind, dann schließe ich daraus, mit der gleichen Gewißheit wie nach einem Blick in einen gesunden Gehörgang, daß das Baby keine Schmerzen hat.

Wie Sie die Bedeutung des Weinens richtig verstehen

Wenn meine Behauptung stimmt, daß „bauchwehkranke" Kinder keine Schmerzen haben, sondern weinen, um ihre Bedürfnisse mitzuteilen, warum lassen sie sich dann nicht beruhigen? Warum weinen sie weiter, stundenlang?

Wir wollen uns noch einmal unsere ursprüngliche Definition des Bauchwehsyndroms ansehen:

1. Ein Baby, das weint, richtet eine eindeutige Mitteilung über ein Grundbedürfnis an die Person, die es versorgt.

2. Die versorgende Person versteht diese Mitteilung falsch und versäumt es dadurch, das mitgeteilte Bedürfnis zu befriedigen.

3. Das ungestillte Bedürfnis führt bei dem Baby zu so großer Aufregung, daß es bald nicht mehr in der Lage ist, auf die Bezugsperson zu reagieren, selbst wenn diese schließlich das ursprüngliche Verlangen des Babys richtig beantwortet.

Die Antwort auf unsere Fragen liegt im Punkt 2 der Definition. Der Gedanke ist einfach, doch viele Eltern reagieren darauf verständlicherweise mit Enttäuschung, wenn nicht sogar Ärger. „Was kann mein Baby denn wollen, wenn es keine Schmerzen hat? Glauben Sie nicht, daß ich alles versucht habe? Ich habe versucht, es zu füttern, habe es herumgetragen, habe ihm auf den Rücken geklopft, die Kleider gewechselt, es gewiegt, ihm auch noch einen Schnuller gegeben und es dann sogar die halbe Nacht im Kinderwagen durchs Haus gefahren. Es gibt einfach nichts, was das Baby wollen könnte, woran ich nicht gedacht habe, keine Antwort auf eine Botschaft, die ich nicht gegeben hätte. Glauben Sie, ich bin dumm? Natürlich habe ich mich um seine Bedürfnisse gekümmert. Dieses Kind muß Schmerzen haben, es gibt keine andere Erklärung."

Am Anfang weint das Baby, weil es versucht, ein bestimmtes Bedürfnis mitzuteilen. Wenn die Mutter darauf nicht reagiert, indem sie das Baby entweder weinen läßt oder mit dem, was sie tut, die mitgeteilten Nöte mißversteht, dann weint das Baby weiter.

An dieser Stelle hören manche Babys einfach auf zu weinen und beruhigen sich. Die Kinder mit dem Bauchwehsyndrom aber sind sehr hartnäckige kleine Persönlichkeiten. Ihr Temperament ist so, daß sie nicht einfach aufgeben, wenn ihre Signale ungehört bleiben. Sie weinen weiter, bis sie rot im Gesicht sind, und je länger sie weinen, desto mehr wird ihr eigentliches Anliegen von Enttäuschung und Verzweiflung verdrängt. Irgendwann sind diese Babys dann so erregt, daß sie nicht mehr aufhören können zu weinen und auch nicht mehr fähig sind, die schließlich richtige Reaktion der Eltern auf ihre ursprüngliche Botschaft wahrzunehmen. Wie ein dreijähriges Kind, das aus einem Alptraum erwacht und erst fünf oder zehn Minuten beruhigt werden muß, bis es sich wieder sicher fühlt, so besteht das bauchwehkranke Baby nur noch aus Erregung, und wie bei dem vergessenen Alptraum, so kommt im Aufruhr der Gefühle die Reaktion der Eltern nicht mehr an. Wir wollen uns an einem hypothetischen Beispiel anschauen, wie dies geschieht.

Die Geschichte von Billy

Lois Atkinson füttert ihren kleinen Billy und läßt ihn ein „Bäuerchen" machen, sie badet ihn, zieht ihn an und legt ihn dann problemlos schlafen. Billy schläft ruhig eine Stunde und beginnt dann zu weinen – er hat Hunger. Lois und ihr Ehemann Tom wissen nicht genau, warum ihr Baby jetzt weint, und nach einem Blick auf die Uhr beschließen sie, der Kleine

brauche mehr Schlaf. Sie wollen ihn eine Weile weiterweinen lassen in der Hoffnung, daß er bald wieder einschläft. Das hungrige Baby weint zehn Minuten lang so laut es kann. Tom geht schließlich in Billys Zimmer, macht das Licht an und sieht, wie das Baby, mit hochrotem Kopf, die Beine angezogen und den Bauch angespannt hat und Blähungen abgehen läßt. Er folgert daraus, das Baby habe Bauchweh und Krämpfe, und er trägt den Kleinen zehn Minuten lang herum.

Der immer noch hungrige Billy weint weiter. Er ist jetzt seit zwanzig Minuten ununterbrochen am Weinen. Lois und Tom denken immer noch nicht daran, daß der Kleine vielleicht hungrig sein könnte, denn schließlich ist er vor nicht einmal anderthalb Stunden gefüttert worden. Sie versuchen es also mit einem Schnuller, doch das Baby, hungriger denn je, saugt kaum 30 Sekunden, spuckt ihn aus und fängt wieder an zu weinen. Die Eltern schaukeln ihn jetzt fünfzehn Minuten in der Wiege. Wieder ohne Erfolg.

Billy weint jetzt seit einer halben Stunde und ist enttäuscht, zornig, aufgeregt und völlig durcheinander. In letzter Verzweiflung setzt Lois den Kleinen an die Brust, doch nachdem sie minutenlang versucht hat, das schreiende, hochrote Baby zum Saugen zu bringen, gibt sie auf. Sie ist sich jetzt sicher, daß sie mit ihrer ursprünglichen Annahme, das Baby sei nicht hungrig, recht hatte, und auch wenn sie es nur ungern glaubt, so scheint es doch so zu sein, als ob die Erklärung ihres Mannes stimmt, Billy habe aus irgendeinem Grund Schmerzen.

Tom und Lois tragen das Baby abwechselnd herum und legen es schließlich wieder ins Kinderbett, und nachdem er noch eine weitere Stunde geweint hat, schläft der erschöpfte Billy endlich ein. Tom und Lois hoffen nun inständig, daß der rätselhafte Schmerz, der diesen schrecklichen Ausbruch offensichtlicher Qual verursacht hat, von selber verschwunden sei, und erschöpft und immer noch beunruhigt fallen sie selber ins Bett.

Diese Eltern würden von ihrem Baby gewiß sagen, daß es nicht zu beruhigen war, während es weinte. Sie würden wahrheitsgetreu berichten, sie hätten sich bemüht, jedes nur denkbare Bedürfnis zu stillen. Sie versuchten es mit Füttern, Herumtragen und mit dem Schnuller, sie schaukelten es in der Wiege und sprachen mit ihm – alles ohne Erfolg. Bei herkömmlicher Betrachtung würden sowohl die Eltern als auch der Arzt Billys Zustand als übermäßiges, untröstliches, nicht zu beruhigendes Weinen beschreiben.

Sehen wir uns das Ganze einmal näher an: In diesem Szenarium blieb Billy gar nichts anderes übrig, als unablässig weiterzuweinen, nachdem seine Eltern auf sein Schreien nach Nahrung erst eine halbe Stunde später reagierten. Dann jedoch war er zu sehr in Aufruhr, um sich einfach zu beruhigen und füttern zu lassen. Hätten Lois und Tom das Weinen als eine Mitteilung aufgefaßt und sich gleich um die möglichen Nöte des Kleinen gekümmert, dann hätten sie das bestimmte Bedürfnis, das Billy kundgab, gestillt, bevor er sich so sehr aufgeregt hätte, und so das ganze Drama vermieden.

Warum das Bauchwehsyndrom von selbst verschwindet

Verschwindet das Bauchwehsyndrom wirklich im Alter von drei Monaten? Wenn ja, warum?

Wie schon erwähnt, kenne ich Babys, die weit über den dritten Monat hinaus waren, und dennoch unter „Bauchweh" litten. In den meisten Fällen stimmt es jedoch, daß das übermäßige Weinen nach dieser Zeit nachläßt. Bei einigen Babys verschwindet es sogar völlig in diesem Alter, bei anderen geht es auf ein erträgliches Maß zurück. Dennoch gibt es immer wieder Babys, die auch nach dem dritten Monat unvermindert heftig weinen.

Was führt zu diesem Nachlassen des Weinens, wenn das Standardargument, es sei die Reife des Nervensystems, nicht stimmt? Drei Faktoren sind es, die zu einem spontanen Rückgang des Weinens beitragen. Zum einen versuchen die Eltern unbewußt immer wieder verschiedene Handlungen, die das Weinen des Babys stillen könnten, und lernen so im Laufe der Zeit, richtig zu reagieren. Meine Studien zum Bauchwehsyndrom haben ergeben, daß dies sogar geschieht, wenn die Eltern eigentlich glauben, das Weinen sei durch Schmerzen oder ein empfindliches Nervensystem verursacht. Ich habe erlebt, wie das Problem sich löste, indem die Eltern das Baby häufiger fütterten, öfter auf den Arm nahmen oder in der Wiege schaukelten.

Die Geschichte von Matthew

Die Familie Jacob, die an einer meiner Bauchwehstudien teilnahm, ist dafür ein gutes Beispiel. Ihr Baby Matthew, das gestillt wurde, weinte während des Tages immer wieder stundenlang untröstlich, und Frau Jacob vermutete Bauchschmerzen als Ursache. Sie hielt sich beim Stillen an den Rat ihres Kinderarztes, der empfohlen hatte, dem Baby die Brust zu geben, wann immer es danach verlange, jedoch nicht häufiger als alle drei Stunden. Zu Beginn meiner Studie weinte Matthew zwei bis zweieinhalb Stunden am Tag.

Im Rahmen meiner Untersuchung setzte ich Frau Jacob auf eine milchfreie Kost, um herauszufinden, ob es einen Zusammenhang gab zwischen ihrer Ernährung und den Symptomen des Babys. Ich ließ die Eltern auch ein Tagebuch führen über das Verhalten des Babys in den folgenden neun Tagen und bat sie ansonsten, Matthew genauso zu behandeln, wie sie es immer getan hatten.

Das Tagebuch ergab, daß Matthew während der ersten sechs Tage der Studie immer zwei bis zweieinhalb Stunden nach dem Stillen mit Weinen begann. Frau Jacob befolgte den Rat des Kinderarztes und trug das Baby, bevor sie es wieder fütterte, erst so lange herum, bis drei Stunden seit dem letzten Stillen vergangen waren. Zu diesem Zeitpunkt jedoch war Matthew seit mindestens einer halben Stunde am Weinen und darum zu erregt, um sich füttern zu lassen. Das Weinen dauerte dann jeweils eine bis anderthalb Stunden. Am sechsten Tag jedoch begann Frau Jacob (ohne eine entsprechende Aufforderung durch mich), den Rat des Kinderarztes zu ignorieren und Matthew schon zu stillen, bevor die Drei-Stunden-Frist verstrichen war. Wenn das Baby zwei oder zweieinhalb Stunden nach dem letzten Stillen zu weinen anfing, dann gab sie ihm einfach die Brust. Der Junge hörte dann auf zu weinen und ließ sich bereitwillig stillen. Der Hausfriede war damit wieder hergestellt.

Manchmal kümmern sich Eltern einfach nicht um den Rat des Arztes. Dies geschieht vor allem dann, wenn der Arzt den Eltern rät, das Weinen ihres Babys zu überhören. Für Eltern ist es meist schwer, wenn nicht gar unmöglich, ihr Baby stundenlang weinen zu hören, ohne irgendwie darauf zu reagieren, und sie verlassen sich dann oft auf ihren Instinkt, wenn sie sich über die Anweisungen des Arztes hinwegsetzen.

Und schließlich verändern sich Babys. Während der Entwicklung in den ersten drei Monaten eines Säuglings ereignet sich viel, was ihn mit der Zeit weniger Zuwendung beanspruchend werden läßt. Die Dauer des nächtlichen Schlafes erhöht sich zum Beispiel in dieser Zeit. Im Alter von drei Monaten schlafen die meisten Kinder von mindestens elf Uhr abends bis vier Uhr früh oder länger, ohne aufzuwachen. Selbst wenn das Kind dann tagsüber nicht weniger weint, so ist es für die Eltern doch leichter zu ertragen, da sie nachts mehr Schlaf bekommen.

Genauso muß das Baby nach dem dritten Monat weniger oft gefüttert werden. Und schließlich werden Kinder sich ihrer Umgebung immer mehr bewußt und verbringen dann ihre Zeit leichter mit sich allein, ohne Anregung von außen. Während die Eltern also lernen, ihrem Instinkt und ihren Beobachtungen zu vertrauen, verändern sich währenddessen auch die Nöte und Bedürfnisse des Kindes. Auf diese Art entwickelt sich schließlich ein fein abgestimmtes Verständi-

gungssystem, in dem Mitteilungen und Antworten gut zueinander passen.

Doch wie immer in menschlichen Beziehungen läßt sich auch hier kein Zeitplan aufstellen, der für alle in gleichem Maße gilt. Die Verschiedenheit der Menschen beeinflußt die Eltern-Kind-Bindung genauso, wie sie die Beziehungen zwischen Erwachsenen formt. Aus diesem Grund kann man es sich einfach nicht leisten, den herkömmlichen Weg zu gehen und untätig abzuwarten, bis sich das Weinen von selber legt. Zu viele Eltern sind verzweifelt, wenn ihr Kind die magische Drei-Monats-Grenze überschritten hat und das Chaos sich dennoch nicht geordnet hat.

Ist das Bauchweh meine Schuld?

Wir wollen uns nun der Frage zuwenden, warum einige Babys unter dem Bauchwehsyndrom leiden und andere nicht, und den Sorgen, die aus dieser Frage ganz zwangsläufig erwachsen, vor allem, wenn die Eltern verwirrt und erschöpft sind. Zweifel und Befürchtungen wie die folgenden sind nicht ungewöhnlich:

- Ich mache irgend etwas falsch. Ich weiß nicht genug darüber, wie man ein Kind aufzieht.

- Ich hätte nie ein Kind bekommen sollen. Ich bin dazu nicht geeignet.

- Ich kann dieses Weinen nicht eine Minute länger ertragen. Ich dachte, ich liebe dieses Baby, und jetzt will ich nichts anderes als fortlaufen.

- Irgendwie bringe ich das Baby zum Weinen, aber ich habe noch nicht einmal eine Ahnung, durch was.

- Auf irgendeine Art lasse ich es mein Baby spüren, daß ich viel lieber wieder arbeiten

gehen möchte. Es hängt mir zum Hals heraus, den ganzen Tag im Haus herumzusit-
zen, und dieses ewige Weinen macht alles
noch schlimmer.

- Ich habe noch nie von einem Baby gehört,
  das sich nicht beruhigt hat, wenn es die
  Mutter auf den Arm nahm. Mein Baby
  mag mich nicht. Warum würde es sonst in
  meinen Armen noch weinen?

- Ich liebe mein Baby einfach nicht genug,
  und es spürt das. Ich dachte, ein Baby zu
  haben sei das schönste Ereignis in meinem
  Leben, und jetzt hat es sich als das
  schlimmste herausgestellt.

Auf den ersten Blick scheint meine Erklärung
des Bauchwehsyndroms die Vorstellung zu
unterstützen, das Problem sei die Schuld der
Eltern. Ich habe jedoch die These, Mutter,
Vater oder sonst irgend jemand trage die
Schuld am Bauchwehsyndrom, immer ver-
worfen. In dieser Situation Schuldzuweisun-
gen zu verteilen, ist nicht nur unsinnig und
einer Lösung des Problems abträglich, sondern auch eine grobe Vereinfachung der kom-
plizierten Wechselwirkung der beteiligten
Ursachen – von denen keine aus der Art der
elterlichen Liebe zu dem Baby resultiert.

Es geschieht immer wieder, daß Eltern, die
schon zwei, drei oder vier Babys hatten, von
denen keines ungewöhnlich viel weinte, auf
einmal ein Baby bekommen, das ständig untröstlich weint, eine Tatsache, die an sich
schon jeden Gedanken an eine mögliche
Schuld der Eltern widerlegt. Und nicht nur
das: wie schon angedeutet, zeigen die Eltern,
mit denen ich gearbeitet habe, sogar ungewöhnlich große Anteilnahme am Wohlergehen ihres Babys, kümmern sich sehr um seine
Gesundheit und weigern sich aus instinktiver
Sorge um die Eltern-Kind-Beziehung, das
Problem des „Bauchwehs" zu ignorieren,
wenn ihnen dies empfohlen wird. Von Anfang an machen sie sich viele Gedanken um
die Qualität dieser Beziehung und bemühen

sich sehr darum, sicherzustellen, daß diese in
Ordnung ist. Von dem unablässigen Weinen
ihres Babys erschöpft und beunruhigt, ver-
trauten mir viele Eltern ihre Befürchtungen
an, sie seien schlechte Eltern, liebten ihre
Babys nicht genug oder hätten eigene seelische Schwierigkeiten, die ihre Fähigkeit, ein
Kind aufzuziehen, beeinträchtigten. Meine
Erfahrung ist jedoch, daß es intelligente, für-
sorgliche und liebende Eltern sind, die den
Gedanken nicht akzeptieren wollen, das übermäßige Weinen sei „normal" oder „zu erwarten gewesen". Sie beteiligen sich mit großem
Eifer an der Behandlung, die Zusammenarbeit
mit ihnen ist eine Freude, und Erfolge stellen
sich schnell ein. Die Tatsache, daß Sie die
Mühe auf sich genommen haben, dieses Buch
zu lesen, um mehr über Ihr Baby zu erfahren
und seine Not des Weinens zu lindern, zeigt
ganz klar, daß Sie zu den verantwortungsbe-
wußten, fürsorglichen Eltern zählen.

Drei beteiligte Faktoren

Temperament

Die Tatsache, daß das Bauchwehsyndrom in
einigen Familien auftritt und in anderen nicht,
geht auf das unglückliche Zusammenspiel
von drei verschiedenen Faktoren zurück. Die
erste und vermutlich wichtigste, aber oft über-
sehene Ursache ist das ganz besondere Temperament des Babys. Einige Babys regen sich
nicht so leicht auf, sie schlafen sogar nach
kurzem Weinen wieder ein, wenn sie hungrig
sind und nicht gefüttert werden. Andere sind
jedoch wesentlich hartnäckiger und entschlos-
sener. Solche Babys beginnen zu weinen, sobald sie ein Bedürfnis verspüren, und sind
dann schnell so erregt, daß sie nicht mehr reagieren können, wenn ihre Eltern das Bedürfnis erkannt haben und es befriedigen wollen.

Genauso ist bei einigen Babys das Weinen
leichter zu interpretieren als bei anderen.
Manche Säuglinge zum Beispiel sind in ihren
Eß- und Schlafgewohnheiten so überaus regelmäßig, daß die Bedeutung der Botschaft,

die sie mit dem Weinen an die Eltern übermitteln, völlig klar ist. „Oh, Viertel nach fünf? Dann hat das Baby Hunger!" Einige Babys schlafen die meiste Zeit, oft bis zu 18 Stunden am Tag, so daß sie eigentlich nichts anderes tun als schlafen und essen. Ihre Wünsche und Bedürfnisse sind beständig und ausgeglichen, und es ist einfach, ihr Weinen zu verstehen. Die Eltern dieser Kinder sind weniger stark beansprucht und darum oft ausgeglichener. Entspannten, klardenkenden Eltern gelingt es viel eher, das Weinen ihres Babys richtig zu deuten, als Eltern, die unter chronischem Schlafmangel leiden.

Andere Babys haben jedoch sehr unregelmäßige Schlaf- und Essenszeiten, was eine richtige Interpretation ihres Weinens ungemein erschwert. Viele Babys schlafen am Tag nur 11 bis 12 Stunden, und man muß ihnen daher wesentlich mehr Zeit und Aufmerksamkeit widmen als den 18-Stunden-Schläfern. Solche Babys teilen in den langen Zeiten, in denen sie wach sind, ihre verschiedenen Bedürfnisse immer wieder durch nervöse Unruhe und heftiges Weinen mit. Es ist nicht nur schwierig, dieses häufige, unregelmäßig auftretende Weinen immer richtig zu deuten, die ständige Aufmerksamkeit führt auch bei den sich darum bemühenden Eltern zur Ermüdung, was ihre Fähigkeit zu reagieren beeinträchtigt.

Die gleichen Unterschiede im Temperament finden Sie genauso bei Erwachsenen. Sie kennen bestimmt Menschen, die ihre drei täglichen Mahlzeiten immer zur selben Zeit einnehmen, die Abend für Abend pünktlich um halb elf zu Bett gehen und jeden Morgen, von Montag bis Sonntag, genau eine Minute vor sieben erwachen. Vergleichen Sie diese Menschen mit den Vertretern eines weniger geregelten Lebens, die immer wieder essen und zwischendurch naschen, weil sie zu völlig unvorhersehbaren Zeiten Hunger bekommen, die in Anfällen plötzlicher Müdigkeit oft zu jeder Tageszeit ein Schläfchen machen und dann wieder wochenlang so voller Energie sind, daß sie nachts kaum mehr als zwei bis

drei Stunden schlafen. Was immer zu den jeweiligen Eigenheiten dieser so gegensätzlichen Lebensweisen führt, niemand würde wohl behaupten, es habe etwas damit zu tun, wieviel Liebe die Eltern gegeben hätten oder wie „fähig" sie als Eltern gewesen seien. Wir alle gestehen es diesen Menschen sehr gerne zu, daß sie sich einfach voneinander unterscheiden.

Wir vergessen leider allzu oft, daß auch ein Baby seine ganz eigene Persönlichkeit hat. Wenn Sie von Ihrem Kind erwarten, daß es sich so verhält, wie es das „normale" Baby in Büchern oder landläufigen Meinungen zufolge tut, dann bringen Sie sich nicht nur um die Freude an seiner Einzigartigkeit, sondern machen sich auch unnötige Sorgen darüber, warum gerade Ihr Baby anders ist.

Erwartungen der Eltern gegen Vorlieben des Babys

Auch Erwartungen der Eltern, oft durch Erfahrungen mit früheren Babys geprägt, können zur Entstehung des Bauchwehsyndroms beitragen. Nehmen Sie zum Beispiel die Kaufmanns, die ihr Baby gerne im Arm hielten, bis es eingeschlafen war. Dieses Ehepaar hatte noch zwei ältere Töchter, die beide als Babys, wenn sie abends zu Bett gebracht wurden, immer in den Armen der Eltern eingeschlafen waren. Das neue Baby Karin jedoch weinte regelmäßig, wenn sie es zum Einschlafen im Arm hielten. Nachdem sie zwei Monate lang erfolglos versucht hatte, Karin durch Herumtragen zu besänftigen, legte die verzweifelte Frau Kaufmann ihre Tochter eines Abends einfach in das Kinderbett und ließ sie weinen. Innerhalb von drei Minuten war Karin eingeschlafen. Auf diese Art ließ sie wissen, daß sie lieber in ihrem Bettchen einschlief als in den Armen der Mutter. Die Kaufmanns hatten von vornherein angenommen, Karin gefalle das so wie ihren beiden älteren Schwestern früher, und diese Erwartung hinderte sie daran, ihren Impulsen zu folgen und mit der kleinen Tochter zu experimentieren, um herauszufinden, wie sie es gern hatte.

Karin war nicht nur eine ganz eigene kleine Persönlichkeit, sie war auch sehr zielstrebig, und ihr Temperament war außergewöhnlich heftig und ungestüm. Ein so lebhaftes Baby wird natürlich bitterlich zu weinen anfangen, wenn man es auf dem Arm hält und es eigentlich lieber hingelegt werden möchte. Die natürliche Reaktion auf ein solches Weinen ist, das Baby noch enger an sich zu drücken und mit ihm herumzulaufen, was das Weinen dann aber nur noch verstärkt.

Wann immer die Vorstellungen der Eltern über das Leben, den Alltag oder das Verhalten des Babys – Essen, Schlafen oder was das Kind tut, wenn es wach ist –, den Vorlieben und Wünschen des Babys nicht entsprechen, dann besteht die Gefahr, daß sich ein Bauchwehsyndrom entwickelt. Das Problem untröstlichen Weinens läßt sich hier schon in seinen Anfängen lösen, wenn man die möglichen eigenen Wünsche des Kindes aufrichtig respektiert.

Gutgemeinte Ratschläge

Die dritte Ursache für falsche Deutungen des Weinens eines Babys und daraus entstehendes „Bauchweh" wurde schon in Kapitel 2 berührt. Es sind die vielen Ratschläge, die Sie von Freunden und Verwandten bekommen, wenn Sie zum ersten Mal Eltern geworden sind. Eltern, die noch keine Erfahrungen mit Babys haben und darum verständlicherweise unsicher sind, nehmen oft jeden wohlgemeinten Rat für bare Münze. Sie glauben, diese Empfehlungen seien direkter Erfahrung entsprungen, und denken gar nicht an die Möglichkeit, es könnten sich auch Mythen und Irrtümer darin verbergen.

Da das Bauchwehsyndrom jedoch, wie an früherer Stelle gezeigt, ein so altes und weitverbreitetes Problem ist und seine Auswirkungen auf die heimische Atmosphäre so

verheerend sind, wurzeln viele der Ratschläge, die besorgte Freunde und Angehörige erteilen, eher in reinen Mythen und modischen Populärtheorien als in wissenschaftlich bewiesenen Erklärungen.

Die vielen falschen Mythen, die das Bauchwehsyndrom umgeben, habe ich schon beschrieben. Ich möchte hier nur kurz die Folgen aufzeigen, die es haben kann, wenn man die drei Arten von Ratschlägen, die im Umlauf sind, akzeptiert, ohne sie zu hinterfragen. Die erste Meinung, mit der ich mich schon ausführlich befaßt habe, ist die, übermäßiges Weinen sei durch Bauchschmerzen verursacht. Wenn Sie diesem Mythos Glauben schenken, werden Sie nicht mehr versuchen zu verstehen, was das Baby Ihnen mit seinem Weinen sagen möchte, sondern statt dessen auf eine vergebliche Jagd nach den Ursachen des mutmaßlichen „Schmerzes" gehen. Sie werden die Babynahrung wechseln, Ihre eigene Ernährung, wenn Sie dem Kind die Brust geben, stark einschränken, immer wieder neue Stundenpläne ausprobieren für Stillen und Schlafzeiten, Ihren Arzt um medizinische Behandlung bitten, alles ohne Erfolg, denn Ihr Baby wird Sie weiter Botschaften über seine besonderen Nöte und Wünsche hören lassen, während Sie nach einem Mittel suchen, das den „Schmerz" behebt.

Der zweite beliebte Mythos, den ich ebenfalls eingehend erörtert habe, ist der, alle Babys seien gelegentlich nervös und unruhig, die einen mehr, die anderen weniger. „Sie können überhaupt nichts dagegen tun", besagt diese Weisheit, „also versuchen Sie es erst gar nicht! Außerdem ist das Weinen harmlos und legt sich später von selber." Die Aussage dahinter ist die: „Lassen Sie das Baby einfach schreien!" Auch hier werden Sie sich, wenn Sie solchen Empfehlungen glauben, nicht weiter darum bemühen, die Botschaften Ihres Babys zu entschlüsseln, da Sie annehmen, eine unspezifische Reizbarkeit, und nicht etwa ein Bedürfnis des Kindes, führe zu dem Weinen.

Der dritte Mythos besagt, man „verziehe" sein Kind, wenn man auf jedes Weinen gleich reagiere; das Kind wolle Sie durch Weinen manipulieren, ihm mehr Beachtung zu schenken. Leute, die diesen Rat geben, drängen darauf, man solle standhaft bleiben, sich nicht unterkriegen lassen und abwarten, bis das Weinen vorüber sei.

Kleine Babys brauchen sehr viel Aufmerksamkeit, aber nicht, weil sie aus Bosheit darauf aus sind, Ihnen die Zeit zu stehlen. Sie verlangen Aufmerksamkeit, weil sie sie wirklich brauchen. Dies ist im menschlichen Fortpflanzungssystem so angelegt. Im Gegensatz zu anderen Säugetieren sind unsere Kinder von den Erwachsenen solange völlig abhängig, bis ihre komplizierte körperliche, motorische und geistig-seelische Entwicklung nach vielen Jahren den Punkt erreicht hat, an dem sie selbständig funktionieren kann. Ohne unsere ständige Aufmerksamkeit würden unsere Kinder gar nicht überleben. Das Weinen ist ihr einziges Mittel, mit dem sie sich die nötige Aufmerksamkeit sichern können.

Das Zusammenspiel der Faktoren

Diese drei Faktoren – das Temperament des Kindes, die Erwartungen der Eltern und falsche Ratschläge – können in Verbindung miteinander dazu führen, daß das Baby ein Bauchwehsyndrom entwickelt. Bevor Sie nicht die in diesem Buch dargestellten Grundsätze lernen und das beschriebene Programm anwenden, wird es mehr vom Zufall als von Ihren elterlichen Bemühungen abhängen, ob Ihr Kind „Bauchweh" bekommt. Meine eigene Familie ist das beste Beispiel dafür.

Unser erstes Baby, ein Mädchen, das wir Yael nannten, wurde zu einer Zeit geboren, in der ich am Kinderkrankenhaus von Philadelphia als Kinderarzt tätig war. Dort hatte ich die vorherrschende, aber falsche Theorie des unreifen Nervensystems gelernt.

Natürlich erklärte ich meiner Frau diesen Ansatz so ausführlich, als sei er ein allgemein gültiges Gesetz. Es kam immer wieder vor,

daß Yael spät in der Nacht gefüttert wurde und danach ganz offensichtlich wach und munter war, zu einer Uhrzeit, zu der sie meiner Meinung nach hätte schlafen sollen. Es war schließlich zwei Uhr früh, und sowohl meine Frau als auch ich brauchten unseren Schlaf. Bei solchen Gelegenheiten bestand ich darauf, das Baby schlafen zu legen, und ich erinnere mich sehr lebhaft daran, wie meine Frau und ich voller Beklemmung versuchten, einzuschlafen, während das Baby hinter der geschlossenen Schlafzimmertür bitterlich weinte.

Zum Glück für uns hatte das kleine Mädchen ein gelassenes, anpassungsfähiges Naturell. Nachdem sie zehn Minuten lang geweint hatte, fiel sie in den Schlaf, und meine Frau und ich konnten uns endlich entspannen. Doch sogar diese Zehn-Minuten-Episoden waren für uns äußerst qualvoll. Wenn Sie ein Baby haben, das seit drei Monaten jeden Abend von sechs bis zehn Uhr oder zu anderen Tages- und Nachtzeiten stundenlang weint, dann werden Sie über unsere schwachen Nerven vielleicht lachen, doch wir fanden sogar diese kurzen Weinausbrüche schwer zu ertragen, denn sie lösten bei uns große Angst und Sorge aus.

Ich war damals ein so eifriger Anhänger der Theorie des unreifen Nervensystems, daß ich mir lebhaft ausmalen kann, was geschehen wäre, wenn unser Kind ein anderes Temperament gehabt und, anstatt aufzugeben, stundenlang weitergeweint hätte. Ich stelle mir vor, wie meine Frau und ich, sobald das Weinen die kritische Zehn-Minuten-Grenze überschritten hätte, einen Streit darüber begonnen hätten, ob man das Kind nicht für eine Weile auf den Arm nehmen sollte. Meine Frau hätte dies befürwortet, ich wäre unter Berufung auf alle medizinischen Autoritäten ganz entschieden dagegen. Meine Frau gäbe schließlich, allen anderen Impulsen und Gefühlen zum Trotz, der Weisheit der medizinischen Fachwelt nach, da sie deren Erfahrungen mehr vertraut als ihrem noch ungeübten Mutterinstinkt.

Nach einer halben Stunde, in der die Debatte heftig weitergegangen wäre und unser Baby sich, inzwischen schreiend und Blähungen abgehen lassend, in allerhöchste Erregung hineingeweint hätte, schlüge meine Frau schließlich alle Warnungen in den Wind und sagt, es interessiere sie nicht, was meine Kollegen dazu meinen, und dann eilte sie zu Yael hinüber und nähme sie auf den Arm. Das Baby ist zu diesem Zeitpunkt schon so in Aufruhr, daß es sich nicht mehr beruhigen läßt, und hilflos vor dem in höchsten Tönen weinenden Kind stehend, sind wir mal verängstigt, mal verzweifelt, begännen dann wieder zu streiten, und kommen vor drei Uhr früh nicht mehr ins Bett. Am Morgen danach würde ich den Kollegen im Krankenhaus völlig erschöpft erzählen, unser Baby leide an Bauchweh.

Bis wir unser zweites Baby Naomi bekamen, hatte ich gelernt, daß das Weinen eines Babys etwas ganz anderes war als nur eine störende Geräuschkulisse, die man am besten überhörte. Wenn ich an die Zielstrebigkeit zurückdenke, mit der meine zweite Tochter in ihren Kinderjahren ihre persönlichen Ziele verfolgte, dann schätze ich mich glücklich, daß ich die Gelegenheit hatte, bei unserem ersten Kind zu lernen, den Mitteilungen eines Babys zuzuhören und darüber nachzudenken, anstatt mich ihnen zu verschließen. Andernfalls wären wir bestimmt in den Genuß vieler schlafloser Nächte gekommen, denn unsere zweite Tochter war ein Kind, das sich nicht hätte überhören lassen. Da manche menschlichen Wesenszüge oft schon in den ersten Tagen nach der Geburt sichtbar werden, zweifle ich nicht daran, daß dieses Mädchen einen Weg gefunden hätte, seinen Botschaften Gehör zu verschaffen, ganz gleich, wie lange es gedauert hätte. Hätten wir sie weinen lassen, hätten wir das Bauchwehsyndrom ganz bestimmt am eigenen Leibe erfahren.

Sie sehen also, der Grund dafür, daß unsere erste Tochter kein Bauchweh-Baby wurde, war nicht unsere Begabung als Eltern, sondern reines Glück. Zwei der drei für das Bauchwehsyndrom nötigen Faktoren gab es

schon: unangemessene Erwartungen und falsche Ratschläge; doch zum Glück blieb uns der dritte Faktor, das entschlossene und hartnäckige Temperament des Babys, erspart. Als wir unsere zweite Tochter bekamen, hatten wir dazugelernt. Wir hatten zwar das entschlossene, hartnäckige Baby, doch wir waren inzwischen frei von falschen Vorstellungen und konnten die Mitteilungen unseres weinenden Kindes verstehen.

Zusammenfassung

Eine Wiederholung der in diesem Kapitel erarbeiteten Grundsätze wird Ihnen noch einmal helfen zu verstehen, was geschieht, wenn Ihr bauchwehkrankes Baby weint.

- Vom Bauchwehsyndrom bei Säuglingen spricht man, wenn ein gesundes Baby, das meist jünger als drei Monate ist, aus einem unbekannten Grund übermäßig lange weint und nicht zu beruhigen ist.

- Das Baby weint ursprünglich, um seine bestimmten Wünsche und Bedürfnisse bekanntzugeben.

- Anfänglich deuten die Eltern den konkreten Anlaß des Weinens falsch und wenden sich dem Baby darum unabsichtlich mit der falschen Reaktion zu.

- Das Temperament des Babys ist so, daß es nicht aufhört zu weinen und dadurch bald so erregt wird, daß es sich nicht mehr beruhigen kann, wenn die Eltern schließlich die richtige Reaktion auf sein Bedürfnis anbieten.

Die Lösung liegt für die Eltern darin, zu lernen, das Weinen ihres Babys so zutreffend wie möglich zu deuten. Das folgende Kapitel wird Ihnen die im Weinen eines gesunden Babys enthaltenen Botschaften im einzelnen beschreiben.

4
Warum gesunde Babys weinen

Gesunde Babys weinen nur, um eines oder mehrere der folgenden fünf Bedürfnisse mitzuteilen, nämlich daß sie:

- Hunger haben,

- Schlaf brauchen,

- Saugen wollen,

- Hilfe brauchen,

- Zuwendung und Unterhaltung brauchen.

In diesem Kapitel werde ich diese grundlegenden Bedürfnisse im einzelnen behandeln. Ich werde die neuesten wissenschaftlichen Erkenntnisse zu diesen Bedürfnissen darstellen und die Mythen und falschen Auffassungen, die sie umgeben, aufzeigen. Diese Informationen werden die Anwendung des in Kapitel 5 beschriebenen Programms zur Verhütung des „Bauchwehs" erleichtern, und ich kann Ihnen versichern, daß Sie und Ihr Baby danach nicht mehr Stunden in Anspannung, Sorge und gegenseitiger Enttäuschung verbringen, sondern in friedlicher Atmosphäre Freude an der Gesellschaft des anderen haben werden.

Das Bedürfnis nach Nahrung

Babys weinen, wenn sie Hunger haben, eine Tatsache, die gewiß jedermann bekannt ist. Die Fähigkeit der Eltern, zu erkennen, daß ihr Baby hungrig ist, kann jedoch durch alle möglichen Bedenken, Sorgen und Mißverständnisse gestört werden; die gleichen Gedanken und falschen Vorstellungen können dazu führen, daß Eltern zögern, das Baby zu füttern, selbst wenn ihnen klar ist, daß das Kind Hunger hat.

Wieviel ist genau richtig?
Eine Quelle von Irrtümern ist die Frage, wie oft man das Baby füttern und wieviel man ihm zu essen geben sollte. Viele würden die offensichtlich naheliegende Antwort geben: Lassen Sie das Baby so viel zu sich nehmen, wie es braucht, bis es satt ist. Doch dies ist nicht immer so einfach, wie es sich anhört.

Joe und Marcia zum Beispiel bekamen ihr erstes Baby David, als sie beide schon Mitte Dreißig waren. Marcia hatte ihr ganzes Leben mit Übergewicht zu tun gehabt und nun, nach ihrer ersten Schwangerschaft, entdeckte sie zu ihrem Kummer, daß es noch schwieriger geworden war als zuvor, das Gewicht zu halten. Ihr Vater hatte ihr Übergewicht oft lächerlich gemacht und häufig bemerkt: „Was? Essen? Schon wieder?" Gleichzeitig jedoch hatte er ihr beigebracht, reichlich zu essen, sich mit Eiskrem und üppigen Mahlzeiten zu belohnen und sich in schwierigen Zeiten mit einer hohen Kalorienzufuhr zu trösten. Der von Natur aus schlanke Joe hingegen fand Marcias Figur genau richtig, und er hatte kein Verständnis für ihre Selbstkritik, wenn sie wieder einmal glaubte, sie habe zuviel zugenommen; denn sie gefiel ihm so wie sie war.

Dann kam David zur Welt. Er wog fast viereinhalb Kilogramm und war 53 Zentimeter groß! „Was für ein Brummer von einem Baby!" hörte Marcia eines Tages beim Einkaufen jemanden sagen, und sie war am Boden zerstört. Ihr Arzt verstärkte noch unwissentlich ihre große Besorgnis, als er bemerkte, mit seiner Gewichtszunahme in den ersten Lebensmonaten schlage David „alle Statistiken".

Marcia informierte sich aus der Zeitung über das Tagesgeschehen, und was sie darin las, war nicht dazu geschaffen, ihre Besorgnis über Davids rasche Gewichtszunahme zu mindern. Beiträge in der Gesundheitsspalte etwa vermeldeten neue wissenschaftliche Erkenntnisse, die besagten, daß „aus dicken Babys dicke Erwachsene werden". Marcia glaubte, es sei dringend notwendig, Davids Gewichtszunahme, für die sie sich die Schuld gab, zu verlangsamen. Sie stillte David und befürchtete, ihre Milch sei zu nahrhaft, und sie klagte, David habe offenbar ihre Neigung zu Übergewicht geerbt.

Auch der Arzt war besorgt über Davids Gewicht, und nachdem er ein Vierteljahr lang verfolgt hatte, wie der Junge zunahm, verordnete er eine kontrollierte Diät. „Füttern Sie ihn nicht öfter als alle drei Stunden. Sie können ihm dazwischen Wasser geben, aber keine Milch. Am Tag darf er insgesamt nicht mehr als 900 ml Milch bekommen."

Marcia begann also, David nach Plan zu füttern, und ertrug tapfer die Folgen: Davids Empörung, die er lautstark über viele, viele Stunden hinweg zum Ausdruck brachte.

Es war gar kein Geheimnis, warum David weinte. Er war hungrig, und seine Eltern wußten dies. Nach mehreren Wochen schließlich gab Marcia ihrem Instinkt nach, der ihr sagte, sie reagiere mehr auf das eigene Unbehagen ihren Gewichtsproblemen gegenüber als auf die wirklichen Bedürfnisse ihres Babys. Um eine zweite Meinung zu hören, suchte sie einen Kinderarzt in ihrer Nähe auf, der ihr wärmstens empfohlen worden war, und nach einem längeren Gespräch mit ihm konnte sie ihre Angst, David bleibe sein Leben lang fettleibig, eingestehen. Der Arzt versicherte ihr,

für Davids Körpergröße sei seine Gewichtszunahme vollkommen normal.

Der Kinderarzt riet Marcia, wieder so zu stillen, wie sie es früher getan hatte, und sagte voraus, Davids Gewichtszunahme werde sich bald auf ein normales Maß einpendeln. Dies trat wirklich ein, doch schon vorher hatten Marcia und Joe gemerkt, daß sie das richtige getan hatten, denn Davids Temperament hatte bald seine ursprüngliche gelassene Gleichmut wiedergewonnen, und die Atmosphäre im Haus fand von der bangen Unruhe, die übermäßiges Weinen auslöst, zu der Wärme zurück, die ein Baby umgibt, das wohlbehütet und bei bester Gesundheit ist.

Die Zeitungsartikel, die Marcia gelesen hatte, waren von zwei Theorien angeregt worden, die in den späten siebziger Jahren populär waren. Die eine Studie zeigte einen engen Zusammenhang zwischen Übergewicht im Alter von sechs Monaten und Übergewicht im späteren Leben. Die andere Studie deutete darauf hin, daß übergewichtige Menschen jeden Alters mehr Fettzellen haben als Menschen mit normalem Gewicht und daß die Anzahl der Fettzellen in einem frühen Alter festgelegt wurde. Die beteiligten Fachleute folgerten daraus, ein übergewichtiger Säugling sei aus diesem Grund dazu verurteilt, sein Leben lang überdurchschnittlich viele Fettzellen zu behalten und höchstwahrscheinlich für immer dick zu bleiben.

Beide Theorien wurden von späteren Forschungen widerlegt, doch darüber zu berichten ist für die Massenmedien weit weniger attraktiv, als neue Erkenntnisse zu veröffentlichen, die erklären, warum dicke Menschen dick sind. Die Widerlegung dieser beiden Theorien fand daher nur einen Bruchteil der Beachtung, die den ursprünglichen aufsehenerregenden Behauptungen zuteil geworden war. Dennoch haben neuere, sorgfältig durchgeführte Forschungen gezeigt, daß es weder beim Gewicht noch bei der Körpergröße einen Zusammenhang gibt zwischen dem sechsten Lebensmonat und dem späteren Leben. Es gibt gewiß eine Beziehung zwischen Übergewicht in der Kindheit und Fettleibigkeit in späteren Jahren, doch beginnt diese erst nach dem Säuglingsalter.

Die meisten Ernährungswissenschaftler stimmen darin überein, daß Babys durchaus in der Lage sind, ihre Kalorienaufnahme zu regulieren, wenn man sie nur läßt, eine Tatsache, die dem Füttern auf Verlangen (das heißt, dem Baby so oft die Brust oder Flasche zu geben und es so viel saugen zu lassen, wie es verlangt), Rückhalt gibt. In den vergangenenen Generationen war diese Technik den Launen der Mode genauso ausgesetzt wie die Rocklänge, doch heutzutage sind sich die Fachleute darin einig, daß das Füttern auf Verlangen der einzige Weg ist, wie man bei einem Baby in den ersten Lebensmonaten verfahren sollte. Das in diesem Buch dargestellte Programm beinhaltet diese Art des Stillens.

Was ist damit gemeint, wenn es heißt, ein Baby könne seine Kalorienaufnahme kontrollieren? Ganz einfach: ein Baby, ob mit der Brust oder mit der Flasche genährt, läßt sich füttern, wenn es hungrig ist, und hört auf zu saugen, wenn es genug hat. Einige Ärzte, wie etwa der von David, glauben fälschlicherweise, sie müßten die Menge der Milch, die das Baby bekommt, einschränken, und wie jener Arzt empfehlen sie gewöhnlich den Eltern, nicht mehr als 900 ml am Tag zu geben. Dieses Verfahren ist völlig unsinnig. Im Durchschnitt trinkt ein drei Monate alter Säugling pro Tag 900 ml Milch, doch ein Baby, das überdurchschnittlich groß und schwer ist, wird höchstwahrscheinlich auch entsprechend mehr Milch am Tag benötigen. Der tägliche Kalorienbedarf eines Säuglings hängt von seiner Größe ab und davon, wie lebhaft und aktiv er ist und wieviel Energie der Stoffwechsel umsetzt, wenn das Baby ruht. Kein Arzt kann bei einem bestimmten Baby diese Faktoren alle kennen, doch zum Glück weiß das Baby selbst, wieviel es braucht. Es gibt zwei Wege, wie Sie diesen Selbstregulierungsmechanismus dazu nutzen können, ein Überfüttern Ihres Babys zu vermeiden.

Geben Sie Ihrem Baby keine feste Nahrung, bevor es nicht sechs Monate alt ist! Der Grund dafür ist einfach, wird jedoch nur selten erkannt: Kleine Babys können Kopf und Nacken noch nicht gut genug kontrollieren, um zeigen zu können, daß sie mehr zu essen bekommen wollen, oder um Nahrung abzulehnen, wenn sie genug haben. Das heißt, wenn sie hungrig sind, sind sie nicht in der Lage, sich nach vorne zu beugen und den Mund zu öffnen, und wenn sie satt sind, können sie den Mund nicht schließen und den Kopf wegdrehen. Der Selbstregulierungsmechanismus funktioniert also nicht, wenn man das Baby mit fester Nahrung füttert, und da der gesamte Nahrungsbedarf eines Babys in seinen ersten sechs Monaten mit Muttermilch oder Flaschenmilchpräparaten gestillt werden kann, ist das Füttern von fester Nahrung zur Ernährung des Kindes nicht notwendig, auch wenn es eine kulturelle Gewohnheit sein mag.

Der zweite Weg, wie man ein Überfüttern vermeidet, scheint zu banal zu sein, um ihn ausdrücklich zu erwähnen, doch da vorgefaßte Meinungen über das Aufziehen von Kindern ebenso weitverbreitet und einflußreich wie oft falsch sind, ist es durchaus sinnvoll, deutlich darauf hinzuweisen: Vermeiden Sie ein Überfüttern – das heißt, zwingen Sie dem Baby die Brust oder die Flasche nicht auf! Wenn ein Baby aufhört zu saugen und unruhig und zappelig wird, dann teilt es damit mit, daß die Mahlzeit vorbei ist.

Wenn Sie Ihrem Baby also keine feste Nahrung geben und ihm die Milch nicht aufdrängen, dann tun Sie alles, was Eltern in den ersten sechs Monaten zur Vermeidung von Übergewicht tun können, und wenn Sie beim Füttern in der beschriebenen Weise verfahren und Ihr vier Monate altes Baby dennoch pummelig ist, so heißt das nicht, daß Sie ein dickes Kind haben werden oder daß es zu einem dicken Erwachsenen heranwächst. Lassen Sie sich nicht von Gedanken und Sorgen beunruhigen, die aus wissenschaftlicher Sicht völlig unbegründet sind, sondern freuen Sie sich darüber, daß Sie ein kräftiges Baby haben.

Sehen Sie seine Robustheit als das, was sie ist: ein Zeichen von Gesundheit und Wohlbefinden.

Viele Eltern haben mir berichtet, der Arzt habe ihnen empfohlen, dem Baby am Tag nicht mehr als 900 ml Milch zu geben. Der Milchaufnahme des Babys eine solche willkürliche Grenze zu setzen, entbehrt nicht nur jeder Logik, sondern führt auch mit Sicherheit zu unnötigem Weinen bei den Babys, deren Körper mehr Milch braucht. Ein Baby, das größer und schwerer ist als 90 Prozent der gleichaltrigen Säuglinge, wird mehr Kalorien und damit mehr Milch benötigen als ein Baby, das kleiner ist als die meisten seiner Altersgenossen. 900 ml Milch sind vielleicht die richtige Menge für ein Baby durchschnittlicher Größe, doch für ein sehr großes Kind mag das bei weitem nicht genug sein. Es ist dem hungrigen Baby gegenüber ungerecht, seine Nahrungsaufnahme willkürlich einzuschränken, und kann sich auf sein Wachstum sogar schädlich auswirken.

Umgekehrt sorgen sich Eltern aber auch, wenn das Baby weniger zu sich nimmt, als sie erwarten; sie befürchten dann, ihr Kind esse nicht genug. Die Berechtigung solcher Sorgen läßt sich leicht mit einem Blick auf das Wachstum des Babys überprüfen: Ein gesundes Kind, das stetig zunimmt, ißt genug, auch wenn die Menge der Nahrung, die es pro Mahlzeit zu sich nimmt, klein ist und irgendwelchen Standardmengen, wie etwa 900 ml, nicht entspricht. Dies ist ein weiteres Beispiel dafür, mit welcher Macht vorgefaßte Meinungen sogar dann Unruhe und Besorgnis auslösen, wenn alle Tatsachen vom Gegenteil zeugen. Oft ist es gar nicht leicht, einem Ehepaar, das glaubt, nur ein pummeliges Baby sei gesund und gedeihe, seine Sorgen auszureden.

Ein weiterer Irrtum, der sich hartnäckig hält, ist die Annahme, ein Baby höre immer auf zu weinen, wenn man es füttere. Dies stimmt überhaupt nicht. Ein weinendes Baby, das nicht hungrig ist, mag das Weinen für einen Augenblick unterbrechen, wenn man ihm eine Flasche anbietet, doch nur, um gleich wieder weiterzuweinen. Zögern Sie unter keinen Umständen, Ihrem weinenden Baby Milch anzubieten, wenn Sie glauben, es weine vielleicht aus Hunger, doch denken Sie daran, daß es noch vier weitere Grundbedürfnisse gibt, die das Kind ebenfalls zum Weinen veranlassen können. Ein Baby, das weint, um gefüttert zu werden, wird eilig nach der Milch greifen und dann zufrieden sein. Weint das Kind aber aus einem anderen Grund, dann sollten Sie damit rechnen, daß es sich nur kurz beruhigt und schon bald wieder zu weinen beginnt.

Füttern nach Plan oder auf Verlangen?

Eine heftige Kontroverse besteht zwischen den Anhängern des „Fütterns nach Plan" und denen des „Fütterns auf Verlangen".

Fachleute vertreten die Ansicht, es bringe dem Baby keinen Nutzen, wenn man es in regelmäßigen Zeitabständen füttere, statt immer dann, wenn es gefüttert werden wolle. Babys, die nach einem von außen auferlegten Zeitplan gestillt werden, leiden nicht weniger unter Blähungen oder anderen Magen-Darm-Beschwerden als Babys, die auf Verlangen gestillt werden, ein immer wieder zur Begründung des planmäßigen Fütterns angeführter Mythos. Sie leiden auch nicht seltener unter Durchfall oder Erbrechen, wie eine weitere Behauptung weismachen will, und entwickeln sich auch nicht besser als die Babys, die auf Verlangen gefüttert werden. Es gibt überhaupt keinen Zusammenhang zwischen Übergewicht oder späterem kindischem, verwöhntem Wesen und dem Füttern auf Verlangen – zwei weitere Mythen, die sich auf keinerlei Tatsachen stützen.

Warum glauben dann so viele Menschen weiterhin an die Methode des Stillens nach Zeitplan? Noch immer bestehen die folgenden drei Mythen, die meiner Meinung nach in den Familien, die sich bemühen, in den ersten Monaten mit ihrem neuen Baby alles richtig zu machen und sich auf die Bedürfnisse des Kindes einzustellen, den meisten Kummer verursachen:

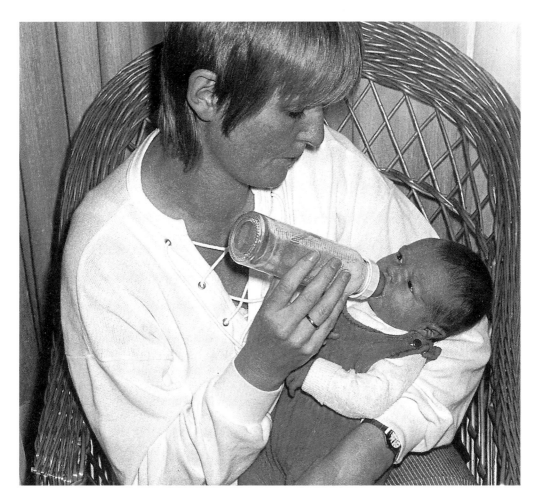

Mythos 1: Wenn Babys nach Plan gefüttert werden, ist das Leben für die Eltern viel einfacher.

Mythos 2: Es ist nicht schwer, das Baby an einen geregelten Stillplan zu gewöhnen.

Mythos 3: Babys, die nach Plan gefüttert werden, sind glücklicher und gesünder als solche, die gestillt werden, wenn sie danach verlangen.

Ich habe in diesem Buch bisher versucht zu zeigen, wie hochgradig irritierbar die Eltern von Neugeborenen sind. „Alles richtig zu tun und sich auf die Bedürfnisse des Kindes ein-

zustellen" beschreibt nur unzureichend, wie schwierig es ist, sich in einen neuen kleinen Menschen, der seine Bedürfnisse nur auf einem Weg mitteilen kann und für sein Überleben von den Eltern vollkommen abhängig ist, einzufühlen und ihn verstehen zu lernen. Es gibt kein größeres Verantwortungsgefühl als das, das Eltern erleben, wenn sie zum ersten Mal ein Kind bekommen, und obwohl sich dieses Gefühl bei jedem nachfolgenden Kind vielleicht etwas abschwächt, kann man doch sicher sagen, daß die Eltern diese starke Verantwortung jedes Mal, wenn ein Kind geboren wird, von neuem spüren. Aus diesem Grund sind Eltern nur zu empfänglich für die Meinungen und Ratschläge derer, die diese schwierige Erfahrung, der sie sich gegenübersehen, schon einmal gemacht haben. Schließlich bedeutet Kultur nichts anderes, als daß Wissen und Erfahrungen von einer Generation an die nächste und von einem geographischen Raum an einen anderen weitergegeben werden. Damit sich aber die gleichen Fehler nicht von Generation zu Generation wiederholen, müssen wir uns immer bewußt sein, daß Informationen auch unkorrekt sein können und daß wir unsere Auffassungen immer wieder anhand von neuen Erkenntnissen überprüfen sollten. Ich bitte Sie also nachdrücklich darum, die Ratschläge derer, die es gut mit Ihnen meinen, dankbar entgegenzunehmen; dabei sollten Sie aber immer Ihrem Impuls folgen, herauszufinden, ob die erhaltene Information einem Vergleich mit neuestem empirischem Wissen standhält.

Meine Forschungsarbeiten haben gezeigt, daß die Behauptung, man könne alle Babys leicht an einen Essensplan gewöhnen, völlig falsch ist, eine Erkenntnis, die den Schluß nahelegt, daß Eltern, die es versuchen und auf Widerstand beim Baby stoßen, ganz bestimmt kein leichteres Leben haben als die Eltern, die ihr Baby dann stillen, wenn es danach verlangt. Statt dessen müssen solche Eltern oft mit den Angst- und Streßzuständen leben, die das Bauchwehsyndrom begleiten.

Tatsächlich gibt es gewaltige Unterschiede in den Reaktionen von Babys auf ein Füttern nach Zeitplan, und es hängt viel mehr von dem Baby als von seinen Eltern ab, ob ein Essensplan erfolgreich ist oder nicht. Einige Säuglinge verhalten sich so, als hätten sie eine innere Uhr, sie bekommen ganz von selbst, wie viele Erwachsene auch, pünktlich immer zur gleichen Zeit Hunger. Andere Babys sind, wenn man es zuläßt, in ihren Eßzeiten weniger regelmäßig, dabei aber so anpassungsfähig, daß sie es gelassen ertragen, wenn ihr Bedürfnis nach Nahrung einmal unbefriedigt bleibt. Wenn sie nachmittags um drei Uhr weinen, um gefüttert zu werden, und nach einigen Minuten noch nichts bekommen haben, hören sie wieder auf zu weinen, entweder ganz von

sich aus oder nachdem man sie etwas abgelenkt hat. Solche Babys an einen Essensplan zu gewöhnen, ist überhaupt nicht schwierig, doch es ist dann ihr eigener Verdienst und nicht der der Eltern.

Es ist wichtig, diese Unterscheidung zu treffen, denn Mythos 2 behauptet indirekt, die Gewöhnung des Babys an den Essensplan hänge von der Selbstdisziplin und Hartnäckigkeit der Eltern ab, ein Urteil, das zwar völliger Unsinn ist, auf Eltern aber vernichtend wirken kann. Ein solches Urteil ist nicht nur unausgesprochen enthalten in den Behauptungen, (1) man könne alle Babys leicht nach Plan füttern, und (2) es gelinge vielen Eltern nicht, ihr Baby an einen Zeitplan zu gewöhnen, es ist auch der Nährboden für einen weiteren Mythos. Dieser Mythos – man kann ihn ruhig Mythos 4 nennen – behauptet, Eltern, denen es nicht gelinge, ihr Baby an einen Essensplan zu gewöhnen, verwöhnten ihr Baby, da sie zu nachsichtig mit ihm seien.

Diese Mythen möchte ich hier und jetzt endgültig begraben, indem ich noch einmal wiederhole, daß jeder Erfolg der Eltern bei der Gewöhnung ihres Babys an einen Essensplan mehr mit dem Temperament des Babys und/oder seiner inneren Hungersteuerung zu tun hat als mit der Entschlossenheit und Selbstdisziplin der Eltern.

Neben den von Natur aus regelmäßigen Essern und den gutmütigen, leicht abzulenkenden Babys mit unregelmäßigen Fütterzeiten gibt es eine dritte sehr große Gruppe von Säuglingen, die zu schwankenden Zeiten Hunger bekommen, dabei aber von sehr hartnäckigem und entschlossenem Temperament sind. Wenn diese Babys hungrig werden und weinen und dann nicht gefüttert werden, weinen sie weiter und weinen und weinen. Sie lassen sich nicht ablenken und lassen sich mit nichts besänftigen, und Eltern, die versuchen, ein solches Kind an einen Essensplan zu gewöhnen, werden heftiges, langanhaltendes Weinen zu hören bekommen.

Wenn die Eltern eines solchen hartnäckigen Babys versuchen, einen Zeitplan für das

Füttern einzuführen, dann wird ihr Leben nicht leichter werden, sondern ausgesprochen unerfreulich. Manchmal entwickelt das Kind schließlich ein Bauchwehsyndrom, was das Leben der Eltern völlig unerträglich macht. Normales und langanhaltendes Weinen unterscheidet sich von dem für das Bauchwehsyndrom typischen übermäßigen Weinen durch die Erregung, die das Kind unfähig macht, Nahrung aufzunehmen, wenn ihm schließlich Brust oder Flasche angeboten werden.

Wenn das Baby sich in einen solchen Grad von Erregung hineingeweint hat und zu aufgebracht ist, um sich füttern zu lassen, obwohl Hunger der ursprüngliche Anlaß des Weinens war, dann geraten die Eltern sehr oft in völlige Verwirrung. Dies ist der Punkt, an dem sie überlegen, ob nicht irgendein unbekannter Schmerz die Erklärung für das Weinen sein könne, und schnell sind sie dabei, über Blähungen, Bauchschmerzen und ähnliche Beschwerden zu mutmaßen. Je größer ihre Verwirrung angesichts des anhaltenden Weinens wird, desto angestrengter richten sie ihren Blick auf diese vermeintlichen Ursachen, bis sie den tatsächlichen Grund des Weinens gar nicht mehr erkennen können: den Essensplan, der einem zuerst hungrigen und dann erregten Baby aufgezwungen wurde.

Wie in der Fallstudie von Marcia und John angedeutet, empfehlen manche Ärzte eine Art eingeschränktes Stillen auf Verlangen. Sie raten dazu, man solle das Baby füttern, wenn es hungrig sei, solange man es nicht häufiger stille als alle drei Stunden. Dieser Ansatz ist gewiß flexibler als die meisten Essenspläne, die ein Stillen im Abstand von vier Stunden vorschreiben, doch es gibt immer noch genug Babys, denen auch ein Drei-Stunden-Rhythmus nicht entspricht. Wenn diese Babys nicht zweieinhalb oder gar zwei Stunden nach dem letzten Stillen wieder gefüttert werden, werden sie weinen und weinen. Einige Ärzte behaupten, kein Baby müsse öfter als alle drei Stunden gefüttert werden, und ein noch häufigeres Stillen sei eine Überforderung der Mutter. Dennoch gibt es Babys, die ganz einfach

in kürzeren Zeitabständen gefüttert werden wollen, und einige von ihnen besitzen das hartnäckige Temperament, daß sie so lange weinen läßt, bis sie bekommen, was sie brauchen. Diese Kombination wird für die Mutter, und den gesamten Haushalt, ganz bestimmt weitaus schwieriger sein als jede Form des Fütterns auf Verlangen, wie unregelmäßig und unberechenbar diese auch sein mag. Wenn Sie sich nicht in einer solchen Situation wiederfinden wollen, sollten Sie Ihr Baby ganz einfach immer dann stillen, wenn es durch Weinen danach verlangt.

Produziert der Körper genug Muttermilch?

Bei meiner Betrachtung der Ursachen kindlichen Weinens möchte ich das Stillen hier gesondert behandeln, da es einige spezielle Fragen aufwirft. Stillende Mütter sorgen sich häufig darum, ob die Menge ihrer Milch für das Baby ausreichend ist, und sie vermuten, es habe mehr mit der mangelnden Milchversorgung zu tun als mit dem Temperament des Kindes, wenn das Baby so oft gefüttert werden wolle. Die Furcht, der Körper produziere nicht genug Milch, kann schon von sich aus die Milcherzeugung stören und sich damit von selbst bewahrheiten. Aus diesem Grund sollte man sich mit solchen Befürchtungen gleich auseinandersetzen.

Es ist nicht schwer, festzustellen, ob Ihre Brust überhaupt Milch produziert. Pressen Sie mit der Hand oder nehmen Sie dazu eine Handpumpe und prüfen Sie dann die Farbe der ausgedrückten Flüssigkeit. Das Kolostrum, das die Brüste nach der Geburt produzieren, bevor die eigentliche Milchproduktion einsetzt, ist klar; die Milch ist natürlich weiß. Achten Sie auch darauf, wie sich Ihre Brüste nach dem Stillen verändern, wenn Sie Ihre Sorgen bezüglich der Milchproduktion überprüfen wollen. Gewöhnlich sind die Brüste spürbar voll, wenn das Kind seit drei oder vier Stunden nicht mehr gestillt wurde. Nach dem Stillen sollten sich die Brüste dann weniger voll anfühlen.

Ein weiteres beruhigendes Zeichen ist es, wenn aus der einen Brust Milch tropft, während das Baby an der anderen saugt. Dies zeigt, daß der „Milchaustreibungs-Reflex", der ein erfolgreiches Stillen ermöglicht, eingetreten ist. Dieser physiologische Reflex ist eine Reaktion auf das Saugen des Kindes, das den Hypothalamus, einen Bereich im Gehirn, dazu anregt, das Hormon Oxytocin in die Blutbahn auszustoßen. Wenn dieses Hormon dann die Brüste erreicht, veranlaßt es die Brustdrüsen, sich zusammenzuziehen, wodurch die Milch über die Brustwarzen herausgedrückt wird.

Ich möchte hier anmerken, daß ich eine Brustpumpe zur Bestimmung der Muttermilchmenge nicht empfehle. Der Gebrauch der Pumpe kann falsche Ergebnisse bringen, denn es kommt häufig vor, daß Frauen mit reichlicher Muttermilchproduktion bei Anwendung einer solchen elektrischen oder handbetriebenen Pumpe nur 30 Gramm oder noch weniger Milch abpumpen. Dies erklärt sich vermutlich dadurch, daß der „Milchaustreibungsreflex" auf die Pumpe nicht anspricht, auch wenn er sich beim Stillen einstellt.

Der sicherste Beweis dafür, daß Sie richtig stillen und Ihr Körper genügend Milch produziert, ist natürlich die Gewichtszunahme des Babys. Wenn Sie Ihr Baby regelmäßig wiegen, um festzustellen, wieviel es zugenommen hat, werden Sie wissen, ob die Menge der Milch für das Kind ausreichend ist. Sollten Sie jedoch wirklich beunruhigt sein über die Milchproduktion Ihres Körpers, dann warten Sie nicht bis zum nächsten Routinebesuch bei Ihrem Arzt. Lassen Sie Ihr Kind sofort vom Arzt wiegen und besprechen Sie dabei mit ihm alle Probleme, die Sie beim Stillen vielleicht haben.

Selbst wenn die Menge der Muttermilch insgesamt ausreicht, so kann es doch sein, daß Ihr Körper zu bestimmten Tageszeiten weniger produziert. Wenn Ihr Baby regelmäßig gegen Abend sehr viel weint, dann versuchen Sie, Milch herauszudrücken, um zu sehen, ob

Sie zu dieser Zeit überhaupt Milch haben. Es kommt gelegentlich vor, daß die Milchproduktion einer stillenden Mutter gegen Abend nachläßt, so daß die Menge dann für das Baby nicht mehr ausreicht. Dies geschieht sehr oft bei Frauen, die viel zu tun haben, vor allem, wenn sie körperlich erschöpft sind. Doch auch Anspannung, Unruhe und anderer Streß können zu Milchengpässen führen. Wenn Sie den Verdacht haben, die Milchproduktion Ihres Körpers lasse zu bestimmten Tageszeiten nach, dann geben Sie dem Baby sofort nach dem Stillen ein Fläschchen mit abgepumpter Muttermilch oder Fertigmilch, um zu sehen, ob es immer noch hungrig ist. Wenn das Baby das Fläschchen von Ihnen nicht annimmt, dann lassen Sie es jemand anderen versuchen. Viele Babys, die gestillt werden, geben sich bei der Mutter mit nichts anderem als der Brust zufrieden, während sie von einer anderen Bezugsperson den Ersatz bereitwillig akzeptieren. Hat das Weinen in dieser Situation mit der Muttermilch gar nichts zu tun, dann wird das Kind weder von Ihnen noch von jemand anderem das Fläschchen annehmen, sondern statt dessen weiterweinen. Weint das Baby aber wirklich, weil es beim Stillen nicht genug Milch bekommen hat und noch hungrig ist, dann wird es 30, 40 oder 50 ml Milch trinken und mit Weinen bald aufhören. In diesem Fall sollten Sie über Ihre Erfahrungen mit dem Arzt oder in der Schwangerschaftsberatung sprechen.

Der gastrokolische Reflex

Gesunde Babys, mit der Brust wie mit der Flasche ernährt, beginnen oft zu weinen, während sie gefüttert werden. Dies tun sie nicht, weil sie satt sind, sondern weil sie kurzzeitig leichte Krämpfe bekommen. Wenn die Eltern von diesem Phänomen nicht wissen und den Grund nicht kennen, dann kann es sein, daß sie das Weinen des Babys falsch verstehen und beunruhigt sind. Ich beschreibe diese normalen Krampfzustände hier, damit Sie sie erkennen und als mögliche Ursache erwägen, wenn Ihr Baby für einen Moment weint. Sie werden sehen, daß diese rasch vorübergehenden Krämpfe ganz anders sind als die Krampfbeschwerden, die die Theorie des schmerzverursachten Bauchwehs im Unterleib des Babys vermutet, denn es handelt sich um leichte, flüchtige Schmerzen, die während des Essens auftreten.

Solche Krämpfe sind die Folge einer Erscheinung, die man den gastrokolischen Reflex nennt. Dies ist eine ganz normale Reaktion des Körpers auf Nahrungsaufnahme, die bei allen Menschen, Kindern wie Erwachsenen, auftritt. Wenn die Nahrung in den Magen gelangt, wird ein Hormon ausgeschüttet, das den Enddarm dazu veranlaßt, sich zusammenzuziehen. Bei Erwachsenen tritt dieser Reflex gewöhnlich mit Verzögerung erst nach dem Essen ein; dies ist der Grund, warum wir kurz nach einer üppigen Mahlzeit oft Stuhlgang haben. Bei Säuglingen gibt es jedoch zwischen dem Beginn der Nahrungsaufnahme und dem gastrokolischen Reflex meist keine Verzögerung, was erklärt, warum sich bei manchen Babys der Darm entleert, während sie gefüttert werden.

Diese vom gastrokolischen Reflex ausgelöste Kontraktion des Enddarmes kann zu den erwähnten Krämpfen führen. Gewöhnlich gehen diese Krämpfe schnell wieder vorüber, sie dauern meist nicht länger als ein bis zwei Minuten, können jedoch das Baby zum Weinen bringen.

Von dem Weinen irritiert, unterbrechen manche Eltern das Füttern und warten, bis das Baby aufgestoßen hat, bevor sie es fortsetzen, da sie glauben, es weine, weil es Blähungen habe. Wenn die Krämpfe jedoch, ohne daß das Baby aufstößt, von selbst nachlassen, dann wird das Kind weitergefüttert werden wollen und nun aus Hunger weinen. Bitte beachten Sie, daß Babys während des Essens nicht weinen, weil sie aufstoßen müssen; dies ist nur ein weiterer beliebter Mythos zur Erklärung des Weinens von Babys. Ich werde dieses Thema später in diesem Kapitel noch ausführlich behandeln, doch möchte ich hier darauf hinweisen, daß der Drang, aufzustoßen, als Ursache des Weinens hochgradig überschätzt wird.

Manche Eltern glauben auch, das Baby sei satt und wolle nicht mehr, wenn es während des Fütterns plötzlich weint. Auch hier wird das Kind, sobald der Krampf nachläßt, begierig darauf warten, daß es weitergefüttert wird, und sich dann sehr aufregen, wenn es Brust oder Fläschchen nicht mehr bekommt.

Wenn Ihr Baby während des Fütterns plötzlich weint und Ihnen der Grund nicht klar ist, dann empfehle ich Ihnen, folgendes zu tun:

1. Unterbrechen Sie das Füttern und halten Sie das Baby für ein paar Minuten aufrecht im Arm, bis sich der Krampf wieder legt.

2. Nehmen Sie das Füttern wieder auf, wenn das Weinen nach einigen Minuten aufgehört hat.

Wurde das Weinen durch den gastrokolischen Reflex ausgelöst, dann wird das Baby sich danach wieder füttern lassen. Das Kind wird jedoch weiterweinen, wenn es einen anderen Grund dafür hat. Folgen Sie in diesem Fall den Schritten des Programms in Kapitel 5.

Denken Sie bitte immer daran, daß der gastrokolische Reflex nie von Durchfall oder Erbrechen begleitet wird. Sollten solche Symptome während des Fütterns auftreten, dann wenden Sie sich an Ihren Kinderarzt, denn es sind Symptome einer, wenn auch wahrscheinlich leichten, Erkrankung, aber keine Anzeichen des gastrokolischen Reflexes oder des Bauchwehsyndroms.

Nachdem ich nun die Beziehung zwischen dem Weinen eines Babys und seinem Bedürfnis nach Nahrung sehr ausführlich behandelt habe, fasse ich hier die Schritte noch einmal zusammen, wie Sie „Bauchweh"-Anfälle, die mit Hunger zusammenhängen, beenden oder verhüten können:

● Füttern Sie Ihr Baby, wenn es danach verlangt.

- Warten Sie, bis Ihr Baby sechs Monate alt ist, bevor Sie ihm außer Milch auch feste Nahrung geben.

- Denken Sie immer auch an Hunger als möglichen Grund für das Weinen, doch zwingen Sie das Baby nie dazu, zu essen.

- Wenn Sie diese ersten drei Schritte befolgen, können Sie sicher sein, daß Sie alles tun, was möglich ist, um Übergewicht bei Ihrem Kind zu verhindern, indem Sie das Baby in seiner natürlichen Selbstregulierung der Nahrungsaufnahme unterstützen.

- Lassen Sie die Gewichtszunahme Ihres Babys bei Routineuntersuchungen des Kinderarztes möglichst oft überprüfen.

- Denken Sie daran, daß Babys manchmal während des Fütterns weinen, da sie durch den gastrokolischen Reflex leichte Beschwerden haben.

Weinen und das Bedürfnis nach Schlaf

Wieviel Schlaf ein Baby benötigt, ist von Kind zu Kind völlig verschieden. Auch hier ist es hilfreich, daran zu denken, daß wir uns, wenn wir Babys verstehen wollen, in Persönlichkeiten hineindenken müssen, die sich in Temperament und Eigenart genauso sehr voneinander unterscheiden, wie Erwachsene dies tun. Wenn wir diese Tatsache im Gedächtnis behalten, widerstehen wir der Versuchung, uns ganz allein auf Normen und Standardwerte zu verlassen.

Normen sind dennoch nützlich, wenn ein Thema, wie in dieser Erörterung hier, ganz allgemein behandelt wird. Im Durchschnitt schlafen sechs Wochen alte Säuglinge 15 Stunden am Tag, obwohl einige Babys in 24 Stunden nur 12 Stunden Schlaf brauchen, während andere vielleicht sogar 18 Stunden täglich schlafen.

Babys unterscheiden sich auch darin, wie leicht sie einschlafen. Einige fallen offenbar mühelos in den Schlaf, wenn sie müde werden, ganz gleich, wo sie gerade sind, während andere beim Einschlafen Schwierigkeiten haben, vor allem, wenn sie müde sind. All diese Unterschiede kommen individuellen Vorlieben gleich, und unsere Aufgabe als Eltern ist es, diese Vorlieben des Babys zu erkennen.

Wie schon bei der Ernährung, so gibt es auch darüber, wieviel Schlaf ein Kind eines gewissen Alters am Tag benötigt, viele Mythen und falsche Vorstellungen. Der folgende Abschnitt macht Sie auf diese Mythen und Irrtümer aufmerksam, damit Sie sie erkennen und nicht in Versuchung kommen, sie zu glauben.

Mythen und Mißverständnisse über Schlafgewohnheiten

Viele Menschen, und sogar viele Ärzte, glauben, Kinder sollten einen geregelten Tagesablauf einhalten und zu festen Zeiten eine bestimmte Zahl von Stunden schlafen. Für sie ist Regelmäßigkeit das Schlüsselwort, das um so wichtiger wird, je weniger das Baby einem geregelten Schlafrhythmus folgt. Die Begründung für einen solchen Zeitplan ist die, es sei praktischer für die Eltern, und je weniger die Schlafgewohnheiten von Baby und Eltern übereinstimmen, desto mehr fordern die Anhänger eines Lebens nach Plan auch hier die Einführung einer gewissen Ordnung. Ein solcher Ruf nach Ordnung inmitten zunehmender Unordnung kann die Situation nur noch weiter verwirren.

Es wird Sie nicht überraschen, wenn ich Ihnen als ersten Schritt zur Verringerung des Durcheinanders empfehle, alle Zeitpläne zu vergessen und sich nach den Ihrem Baby eigenen Schlafbedürfnissen und -wünschen zu richten. Der Versuch, das Temperament des Babys zu ignorieren, ist wie Picknick am Hang eines Vulkans. Vielleicht bricht der Vulkan nicht aus, und Ihr Zeitplan gelingt. Möglicherweise bricht der Vulkan aber doch aus, und Ihr Picknick ist zu Ende. Vielleicht

schläft Ihr Baby wirklich zu den Zeiten, die Sie für richtig und praktisch halten; in diesem Fall scheint Ihr Plan zu funktionieren. Möglicherweise will Ihr Baby aber trotz aller gut durchdachten Pläne einfach nicht einschlafen, oder es wird viel früher wach, als vorgesehen.

Wie schon die Eßgewohnheiten, so wird auch der Schlafrhythmus des Kindes von seinem Temperament bestimmt und nicht von den Wünschen, Erwartungen oder den Fähigkeiten der Eltern. Hat Ihr Baby ein gutmütiges, anpassungsfähiges Naturell, dann mag es Ihnen wirklich gelingen, es zu der Zeit schlafen zu legen, die Sie für richtig halten, und ein Baby, das zu Regelmäßigkeit neigt, gewöhnt sich vielleicht sogar ohne Mühe an diese Routine. Haben Sie jedoch ein entschlossenes, hartnäckiges Kind, dann kann es äußerst schwierig werden, es zu der von Ihnen gewünschten Zeit zu Bett zu bringen, und es gelingt Ihnen wahrscheinlich nur um den Preis heftigen Weinens.

Lindas Baby Judy zum Beispiel erwachte jeden Morgen pünktlich um zehn, hielt tagsüber mehrmals ein Schläfchen und schlief dann erst wieder gegen Mitternacht ein. Linda allerdings wäre gerne schon viel eher zu Bett gegangen, gegen halb elf, und hoffte, sie könne Judy an diese frühere Zeit gewöhnen, wenn sie sie früh um acht weckte und dann abends um halb neun Uhr wieder schlafen legte.

Nur wenige Babys würden sich leicht an eine solche Umstellung gewöhnen, und Judy gehörte nicht zu ihnen. Wenn Linda sie früh um acht Uhr weckte, weinte die Kleine lange und hielt damit die Frühstücksroutine von Eltern und Geschwistern auf, und obwohl Linda sogar versuchte, Judys Mittagsschlaf zu verkürzen, damit sie abends früher müde würde, gelang es nicht, Judy daran zu gewöhnen, schon um halb neun zu schlafen. Das Ergebnis des Kampfes gegen Judys persönliche Schlafbedürfnisse war ein Baby, das tagsüber viel weinte, da es schlafen wollte, und das dann abends wieder heftig am Weinen war, weil es gern wach geblieben wäre.

Mein Baby schläft nicht genug

Die tägliche Menge Schlaf, die ein Baby braucht, unterscheidet sich ganz erheblich von Kind zu Kind, doch liegt sie im allgemeinen zwischen 12 und 18 Stunden pro Tag.

Es kann ohne Zweifel äußerst anstrengend sein, ein Baby zu haben, das nur wenig Schlaf, etwa 12 Stunden am Tag, benötigt, denn ein Baby, das wach ist, braucht ständige Aufmerksamkeit. Dennoch ist es durchaus normal, wenn ein Säugling nur 12 Stunden täglich schläft. Ich habe viele Eltern gesprochen, die befürchteten, ihr Baby sei überaktiv, da es meistens wach war, während andere Babys im gleichen Alter ihren Mittagsschlaf hielten oder die ganze Nacht durchschliefen. Es ist jedoch kein Fall für den Arzt, sondern einfach eine persönliche Eigenart des Babys, wenn es wenig Schlaf braucht.

Es ist eine vergebliche Mühe, ein Baby zum Schlafen zwingen zu wollen, wenn es nicht müde ist. Das Baby wird einfach weinen, um wieder auf den Arm genommen zu werden, und wenn man es zu lange weinen läßt, dann wird es nicht mehr damit aufhören, selbst wenn man es schließlich auf den Arm nimmt. Es ist für die meisten Eltern unerfreulicher, einem weinenden Kind zuhören zu müssen, als sich um die Bedürfnisse eines wachen, aber zufriedenen Babys zu kümmern.

Individuelle Schlafgewohnheiten

Woran erkennen wir, ob ein Baby müde ist? Einige Babys schlafen rasch von selbst ein, wenn sie müde sind, andere werden statt dessen nervös und reizbar. Ich habe die Erfahrung gemacht, daß viele Eltern, vor allem, wenn es ihr erstes Kind ist, erwarten, ein Baby schlafe friedlich ein, sobald es müde sei; sie müssen es erst lernen, daß Weinen und Nervosität auch Zeichen von Müdigkeit sein können.

Wir haben es bestimmt alle schon erlebt, daß wir bei Leuten zu Besuch waren, deren erschöpfte kleine Kinder nervenaufreibend laut und überdreht herumtobten, da die Eltern diese Überaktivität nicht als Zeichen von

Müdigkeit erkannten und die Kinder „Spaß" haben ließen. Es stimmt, daß Erwachsene im allgemeinen ganz allmählich müde und träge werden, bis sie schließlich zu Bett gehen (obwohl die meisten von uns den Zustand kennen, aus „Übermüdung" nicht einschlafen zu können), doch bei Kindern nimmt die Aktivität oft im gleichen Maße zu, wie sie ermüden, und macht sich bei Babys dann durch Nervosität und Weinen bemerkbar.

Wie reagieren Sie am besten, wenn Sie vermuten, Ihr Kind weine aus Müdigkeit? Manche Eltern tragen das Baby herum, bis es einschläft, und legen es dann ins Bettchen, ein Vorgehen, das ich aus zwei Gründen nicht empfehle. Zum einen nämlich werden viele Kinder nicht schläfrig, sondern wieder munter, wenn man sie auf den Arm nimmt, und die Bewegung des Herumtragens hindert sie am Einschlafen. Zum andern kann es zwar sein, daß es dem Baby dabei hilft, einzuschlafen, wenn man es auf den Arm nimmt und trägt, doch gewöhnt sich das Kind möglicherweise so daran, daß es, wenn es älter wird, ohne das Ritual nicht mehr schlafen will und Sie sich wünschen, Sie hätten gar nicht erst damit angefangen.

Zeigt Ihr Baby Anzeichen von Müdigkeit, dann vermeiden Sie jedes unnötige Ritual und bringen das Kind einfach zu Bett. Wenn es zu weinen beginnt, dann achten Sie sorgfältig darauf, wie das Weinen klingt und wie lange es anhält. Manche Babys weinen immer ein paar Minuten, bevor sie einschlafen, und meist hat dieses Weinen dann einen ganz typischen Klang: Es beginnt laut, wird immer leiser, hört dann ganz auf und setzt gleich danach wieder ein, ein Rhythmus, der wenige Minuten dauert, bis das Kind schließlich eingeschlafen ist. Wenn Sie ein solches Weinen falsch verstehen und das Kind auf den Arm nehmen, dann wird das Baby unter Umständen so nervös und erregt, daß es nicht mehr aufhören kann zu weinen. Wenn das Kind andererseits, nachdem Sie es ins Bett gelegt haben, immer lauter weint, ohne dazwischen mal aufzuhören, dann haben Sie sich geirrt, als

Sie dachten, Ihr Baby sei müde. Ihr Baby ist in diesem Fall hellwach, und es hat keinen Zweck, wenn Sie es weiter im Bett liegen und weinen lassen, denn es wird dann bald so aufgeregt sein, daß es sich lange Zeit nicht mehr beruhigen kann.

Es ist auch nicht ungewöhnlich, daß ein Baby im Schlaf weint. Man nimmt an, daß dies in den Phasen des Schlafzyklus geschieht, in denen Erwachsene träumen. Es kann vorkommen, daß man bei einem solchen Weinen fälschlicherweise glaubt, das Baby sei wach und wolle getragen werden, doch wenn Sie das Kind dann wirklich hochnehmen, werden Sie ein bald noch heftiger weinendes, unglückliches Baby im Arm halten.

Babys wachen auch oft kurz auf und weinen dann ein oder zwei Minuten, bevor sie weiterschlafen. Dies tun sie vermutlich in der Phase, die man den „leichten Schlaf" nennt. Bei Erwachsenen ist das der Zeitpunkt, an dem sie kurz erwachen, ihr Kissen zurechtrücken und dann wieder einschlafen. Auch dieses Weinen kann man leicht mißverstehen und dann glauben, das Baby schlafe nicht mehr, vor allem, wenn das Kind im selben Zimmer liegt.

Um zu vermeiden, daß Sie das Weinen falsch verstehen und das Baby im Schlaf stören, sollten Sie immer erst einige Minuten zuhören, wie das Kind weint. Wenn das Baby wirklich wach ist und gehalten werden will, dann wird es bald laut und anhaltend weinen. Schläft das Kind jedoch und weint nur für einen Moment, dann wird das Weinen rasch leiser werden und schließlich verstummen.

Manchmal berichten mir Eltern, es komme vor, daß sie ihr schlafendes Baby versehentlich wecken. In diesem Fall schläft das Baby meist im Zimmer der Eltern, und die Lösung ist natürlich die, das Kind in einem anderen Raum schlafen zu lassen. Dennoch gibt es vielen Eltern ein Gefühl von Sicherheit, wenn sie das Baby bei sich im Zimmer liegen haben. Ich halte das Bedürfnis, nahe beieinander zu sein, für ganz natürlich und sehe keinen Grund, den Eltern davon abzuraten, in einem

Raum mit ihrem Baby zu schlafen. Allerdings kann ein solches Arrangement auch Nachteile mit sich bringen, wie zum Beispiel, daß die Eltern einen leichten Schlaf haben und jedesmal erwachen, wenn das Baby seufzt, hustet, sich im Bett bewegt oder im Schlaf weint. In diesem Fall ist es wohl für alle Beteiligten besser, wenn das Baby in einem eigenen Zimmer schläft.

Durchschlafen in der Nacht

Die meisten Eltern freuen sich auf den Tag, an dem ihr Kind beginnt, nachts durchzuschlafen. Zwar ist der Schlafrhythmus eines Babys so angelegt, daß es nachts mehr schläft als während des Tages, doch stellt sich bei vielen Babys dieser Rhythmus nicht sofort ein, es dauert erst zwei oder drei Wochen, bis das Kind sich an das Schema angepaßt hat. Wie alle anderen nachtschlafenden Lebewesen wird auch das Baby von dem beständigen Wechsel zwischen Tag und Nacht beeinflußt.

Helfen Sie dabei, seinen natürlichen Rhythmus zu finden und während der Nacht zu schlafen, indem Sie es tagsüber in einen hellen und etwas lauteren Raum legen, nachts aber in ein dunkles, stilles Zimmer. Achten Sie darauf, wo Ihr Kind sich wohler fühlt, in einem engen, geschlossenen Raum wie einer Wiege oder in einer geräumigen Umgebung wie einem Kinderbett. Zeigt das Baby eine Vorliebe für eine bestimmte Umgebung, dann sollten Sie sich unbedingt danach richten.

Doch auch dann wird das Baby noch lange, wahrscheinlich jede Nacht, ein- oder zweimal aufwachen und nach Nahrung verlangen. Es hängt von drei Faktoren ab, wie schnell dieser nächtliche Hunger sich legt:

- der Füttermethode

- der Größe des Babys

- dem Temperament des Babys.

Untersuchungen haben gezeigt, daß mit der Flasche genährte Babys nachts weniger häufig erwachen als Babys, die gestillt werden. Einige Brustkinder lernen es sogar von allein überhaupt nicht, nachts durchzuschlafen, während andere meist in einem späteren Alter damit anfangen als Flaschenkinder. Ein Baby zum Beispiel, das bei der Geburt mehr als sieben Pfund wiegt und mit der Flasche aufgezogen wird, schläft in der achten Lebenswoche im Schnitt acht Stunden pro Nacht, während ein gestilltes Baby mit dem gleichen Geburtsgewicht diesen Schlafrhythmus meist erst in der zehnten Lebenswoche erreicht.

Bevor sie nicht so weit entwickelt sind, daß sie ein Fasten von acht bis elf Stunden am Stück aushalten können, schlafen Babys nachts nicht durch. Zwar ist dies von Kind zu Kind verschieden, doch kann man als Faustregel sagen, daß ein Säugling, der mehr als neun Pfund wiegt, acht Stunden durchschlafen kann, ohne Hunger zu bekommen.

Noch vor jeder Faustregel kommt das Temperament des Kindes, von dem alles andere abhängt. Ein zehn Pfund schweres Baby zieht vielleicht, entgegen dem vorhergesagten Acht-Stunden-Rhythmus, häufigere, kleinere Mahlzeiten in der Nacht vor, und wenn Sie versuchen sollten, diese nächtlichen Freuden zu unterbinden, bevor Ihr Kind bereit dazu ist, dann werden Sie sich nächtelanges Weinen einhandeln.

Was aber, wenn Ihr Kind schon zehn oder zwölf Wochen alt ist und zehn Pfund schwer, aber immer noch jede Nacht erwacht und gefüttert werden möchte? Ein solches Kind wird wahrscheinlich nicht von selbst damit beginnen, nachts durchzuschlafen. Sie sollten dies mit dem Kinderarzt besprechen.

Weinen und das Bedürfnis, zu saugen

Babys kommen zur Welt mit dem Verlangen zu saugen, ein Bedürfnis, das ganz unabhängig ist von der Notwendigkeit, mit Kalorien ernährt zu werden, und wenn ein Baby an etwas saugen möchte, wird es Ihnen dieses ungestillte Bedürfnis durch Weinen mitteilen. Dies tut es sogar dann, wenn es nicht hungrig ist, wie es oft am Ende einer Mahlzeit geschieht, wenn das Kind zwar so viel Milch bekommen hat, daß es satt ist, aber immer noch saugen möchte.

Der Akt des Saugens verschafft dem Kind nicht nur Lust, sondern wirkt auch beruhigend. In Kulturen, wo Frauen die Brüste nicht verhüllen, lassen Mütter ihr Baby oft an der leeren Brust saugen, um es zu beruhigen. 90 Prozent der in der Milch enthaltenen Kalorien nimmt ein Baby schon in den ersten fünf Minuten des Stillens auf, und dennoch nukkeln viele Säuglinge oft 20 bis 25 Minuten an jeder Brust, weil sie ganz einfach auch ohne Milch zu bekommen das Saugen genießen.

Der moderne Ersatz für die leere Brust ist der Schnuller. Beachten Sie jedoch, daß der Schnuller erfunden wurde, um das Bedürfnis des Saugens zu befriedigen; das Saugen ist nicht als Reaktion auf die Erfindung des Schnullers entstanden. Dies mag unwichtig erscheinen, solange Sie sich nicht mit der „Schnuller-Frage" auseinandersetzen müssen. Seit zum ersten Mal jemand einem Baby den Finger in den Mund steckte, um es zu beruhigen, ist der Schnuller wahrscheinlich eine Quelle heftiger Kontroversen.

Das „Schnuller-Problem"

Nehmen wir zum Beispiel Carl und Marie mit ihrer vier Monate alten Tochter Lily. Lily saugte ausgesprochen gern und blieb nach jedem Stillen, wenn schon gar keine Milch mehr kam, noch lange an der Brust, manchmal bis zu einer halben Stunde an jeder Seite. Wenn ihre Mutter sie von der Brust nehmen wollte, bevor sie ihren Drang zu saugen befriedigt hatte, weinte sie untröstlich. Marie jedoch hatte sehr viel Arbeit und außerdem noch weitere Kinder zu versorgen, und in ihrer Verzweiflung kaufte sie schließlich einen ganzen Satz Schnuller. Marie war froh, als Lily bereitwillig den ersten Schnuller nahm, den sie ihr gab, denn es entlastete sie ganz erheblich.

Wann immer jedoch Carl nach Hause kam und er den Schnuller in Lilys Mund sah, schimpfte er angewidert und zog den Schnuller heraus, woraufhin Lily einen Moment lang ungläubig starrte, um dann lautstark zu protestieren, während zwischen ihren Eltern eine heftige Debatte mit den immer gleichen Argumenten begann. Dies fand gewöhnlich um sechs Uhr abends statt, wenn Marie mit der Zubereitung des Abendessens beschäftigt war und die beiden anderen Kinder abwechselnd fragten, wann das Essen fertig sei und ob man ihnen nicht bei den Hausaufgaben helfen könne. Am Ende beschloß Carl die allgemeine Aufregung zu ignorieren und vertiefte sich in die Fernsehnachrichten, während Lily ausdauernd weinte und Marie mit Kochtöpfen und Geschirr hantierte und gleichzeitig versuchte, das Baby durch Wiegen zu beruhigen, wobei sie immer wieder zu Carl hinüberrief: „Um Himmels Willen, Carl, können wir denn nicht etwas Ruhe und Frieden haben?! Gib mir den Schnuller, bitte!" „Meine Kinder werden nicht auf einem Stück Gummi herumkauen!" war Carls Standpunkt. „Es ist schrecklich – es verdirbt den Charakter, und außerdem kriegt sie davon schiefe Zähne." Schließlich schob Marie verzweifelt den Schnuller heimlich wieder in Lilys Mund, solange bis Carl bei seinem nächsten Gang zur Küche von neuem explodierte.

Viele Menschen reagieren ähnlich, wenn sie im Munde eines Babys einen Schnuller erblicken und dann offenbar blind werden für den praktischen Nutzen dieses Gegenstandes. Die Gegner des Schnullers wenden oft ein, dies sei ein „künstlicher" Weg, ein weinendes Baby zu beruhigen, und meinen damit, die Eltern bedienten sich eines Tricks, anstatt dem Baby mit echter Zuwendung zu begegnen. Aus diesem Grund haben viele Eltern, die sonst einen Schnuller verwenden würden, ein schlechtes Gewissen und verzichten darauf, den Wunsch des Babys, zu saugen, auf diesem einfachen Weg zu erfüllen.

Wie viele andere Vorurteile, so stützt sich auch das über den Schnuller auf schlichte Unkenntnis. Schnuller sind überhaupt nicht schädlich; sie sind eine einfache und schnelle Antwort auf das physiologische Bedürfnis des Kindes, an etwas zu saugen. Entscheidend ist nur, ob das Baby den Schnuller nimmt und zufrieden ist, wenn es daran saugen kann, oder nicht.

Natürlich muß man beim Gebrauch eines Schnullers gewisse Sicherheitsregeln beachten. Ziehen Sie den Schnuller vor allem nie auf eine Schnur, um ihn dem Baby wie eine Kette um den Hals zu hängen. Kaufen sie auch nur Schnuller, die aus einem Stück gemacht sind, damit sie nicht in einzelne Teile zerfallen, die das Baby dann verschluckt. Und schließlich sollten Sie auch keinen selbstgebastelten Schnullerersatz verwenden, wie etwa den mit Watte gefüllten Saugnapf des Fläschchens. Es kam auch vor, daß Babys den Saugnapf verschluckten, als ein solches Gerät auseinanderfiel.

Das „Problem" des Daumenlutschens

Manche Babys lernen es schon früh, ihren Drang zu saugen, durch Lutschen am Daumen zu befriedigen. Es ist ein glücklicher Zufall, der zur Gewohnheit wird, wenn das Kind den Daumen entdeckt und dafür benutzt – doch erst, wenn das Baby etwa drei Monate alt ist, ist es in der Lage, den Daumen gezielt in den Mund zu stecken, um daran zu saugen.

Natürlich blieb es auch dem Daumenlutschen nicht erspart, zum Gegenstand heftiger Kontroversen zu werden. Wenn Ihr Baby am Daumen lutscht, werden Sie wahrscheinlich ein- bis zweimal in der Woche Bemerkungen im Stil der folgenden Kommentare zu hören bekommen:

- „Das sollten Sie ihm so schnell wie möglich wieder abgewöhnen, sonst hört er nie mehr auf damit!"

- „O je, da stehen Ihnen aber lange Sitzungen beim Kieferorthopäden bevor! Wissen

Sie denn nicht, daß Daumenlutschen das Gebiß verbiegt?" „Das arme Wurm saugt schon am Daumen! Muß ja furchtbar einsam sein!" – „Ziehen Sie ihr einfach den Daumen immer gleich aus dem Mund, wenn sie ihn reinsteckt! Dann lernt sie es rechtzeitig, daß sie so etwas nicht tun soll."

• „Warum machen Sie es nicht so, wie es meine Mutter mit mir gemacht hat, als ich ein Baby war? Schmieren Sie irgendwas auf den Daumen, was gräßlich schmeckt, das funktioniert! Bei meinen Kindern habe ich das immer so gemacht."

Wie der Schnuller, so erfüllt auch das Daumenlutschen bei Kindern im ersten Lebensjahr in Wirklichkeit eine normale physiologische Funktion: Es befriedigt das von der Nahrungsaufnahme unabhängige Bedürfnis des Babys, zu saugen. Nach dem ersten Lebensjahr dient das Daumenlutschen dann dem gleichen Zweck wie die Anhänglichkeit an Dinge, die das Baby überall herumträgt, eine Decke etwa oder einen Teddybären: Es vermittelt ein Gefühl von Vertrautheit. Die meisten Babys, die am Daumen lutschen, hören bis zum zweiten Lebensjahr damit auf. In den wenigen Fällen, in denen Kinder über dieses Alter hinaus weiter am Daumen lutschen, dauert es immer noch einige Jahre, bis diese Angewohnheit bleibende Schäden in der Stellung der Zähne verursachen kann – etwa im fünften Lebensjahr.

Am besten ist es, Sie betrachten den Daumen einfach als eingebauten Schnuller. Eltern, die sich nicht darüber freuen, wenn es ihrem Baby gelingt, sich mit Hilfe des Daumens zu beruhigen und die Zeit zu vertreiben, bringen sich um eine großartige Möglichkeit, sich von ihren elterlichen Aufgaben ein wenig zu entlasten. Solange der Daumen in Gebrauch ist, müssen Sie ein Ding weniger im Auge behalten, den Schnuller, den Sie auch nicht mehr jedes Mal, wenn Sie aus dem Haus gehen, einpacken müssen.

Ein Nachteil ist jedoch der, daß man das Daumenlutschen dem Kind weniger leicht abgewöhnen kann als den Schnuller, wenn es wirklich notwendig sein sollte. Den Schnuller kann man fortnehmen, und nach einer kurzen Zeit des Klagens wird das Kind ihn schnell vergessen. Das Daumenlutschen ist schwerer zu kontrollieren, doch das Kind sollte im Alter von fünf Jahren damit aufhören, da es sonst zu bleibenden Verformungen des Gebisses kommen kann.

Das Kind vom Daumenlutschen abzuhalten ist fast unmöglich und gelingt überhaupt nur um den Preis langen, heftigen Weinens. Ab dem zweiten Lebensjahr aber haben Techniken der Verhaltensänderung gute Aussichten auf Erfolg, wie etwa das Kind zu belohnen, wenn es nicht am Daumen lutscht.

Wenn Sie noch nie darüber nachgedacht haben, daß das Saugen ein Grundbedürfnis sein könnte, und weder den Schnuller noch das Daumenlutschen zulassen wollen, dann wird Ihr Baby, wenn sein Drang, zu saugen, groß ist, entweder heftig weinen oder es wird nach jedem Stillen noch lange an der leeren Brust bleiben. Immer wieder kommen Familien zu mir, die darüber klagen, ihr Baby leide an Bauchweh, und sich dabei überhaupt nicht bewußt sind, wie wichtig das Saugen für den Säugling ist. Oft weinen diese Babys, ungeachtet aller Bemühungen der Eltern, sie zu beruhigen, vier bis fünf Stunden am Tag. Wenn ich diesen Familien dann mein Programm verschreibe und Ihnen empfehle, neben den anderen Schritten zur Befriedigung der Nöte des Kindes auch einen Schnuller zu benutzen, dann legt sich das übermäßige Weinen bald.

Individuelle Unterschiede
Wie die anderen Grundbedürfnisse, so ist auch der Wunsch, zu saugen, bei dem einen Kind stärker, beim anderen schwächer ausgeprägt. Manche Babys sind offenbar schon zufrieden, wenn sie gestillt werden, während andere ununterbrochen saugen wollen. Nur dadurch, daß Sie Ihrem Kind jedes Mal, wenn es weint, den Schnuller anbieten, erfahren Sie, wie groß sein Verlangen, zu saugen, ist.

Wenn das Baby mit dem Weinen ein anderes Bedürfnis mitteilt, dann wird es den Schnuller ablehnen und weiterweinen.

Stillen und der Wunsch, zu saugen

Niemand würde das Baby an einer leeren Flasche saugen lassen. Die leere Brust ist jedoch, wie schon angedeutet, eine durchaus angemessene Antwort auf das Bedürfnis des Kindes, zu saugen.

Dennoch kann die Brust in ihrer Doppelfunktion als Nahrungsquelle und „natürlichem Schnuller" gewisse Probleme aufwerfen bei dem Versuch, das Weinen des Babys zu deuten. Es kommt häufig vor, daß ein mit der Brust genährtes Baby den Schnuller ablehnt, wenn es saugen möchte, und so lange weiterweint, bis es die leere Brust bekommt. Der Grund dafür ist der, daß viele Babys, die gestillt werden, den künstlichen Sauger im Mund nicht mögen. (Es sind gewöhnlich dieselben Kinder, die ein Fläschchen als Ergänzung zur Brust ablehnen.)

Für viele mit der Brust genährte Babys sind Körperkontakt, anschmiegsame Nähe und Zärtlichkeit untrennbar mit der Nahrungsaufnahme verbunden. Diese Kinder lehnen den Schnuller ab und sind auch nicht glücklich, wenn sie nur auf dem Arm gehalten werden, ohne die Brust zu bekommen. Für Mütter kann dies hochgradig anstrengend werden, da sie meist bemüht sind, die Zeit, die sie mit Stillen zubringen, einzuschränken, um anderen Verpflichtungen nachkommen zu können. Wenn das Kind die Brust nicht nur braucht, um seinen Hunger zu stillen, sondern auch zur Erfüllung seines Wunsches nach Saugen und Körperkontakt, dann wird die Mutter für viele Stunden am Tag nichts anderes mehr tun können.

Schnelle und einfache Lösungen gibt es für dieses Problem nicht. Am besten ist es, wenn Sie eine solche Situation verhindern, bevor sie entsteht, indem Sie Ihrem Baby so früh wie möglich – in den ersten Tagen nach der Geburt – den Schnuller geben. Versuchen Sie, Ihr Baby an die Beschaffenheit und den Ge-

schmack des Schnullers zu gewöhnen, damit er für das Kind zu etwas Vertrautem und Beruhigendem wird. Dies gilt übrigens auch dann, wenn Sie vorhaben, das Baby im Rahmen seines Ernährungsplanes auch mit der Flasche zu füttern – der Schnuller wird dem Kind helfen, sich an das Material des Saugers zu gewöhnen.

Außerdem rate ich dazu, daß der Vater oder eine andere Person, die sich um das Kind kümmert, das Baby hält und ihm den Schnuller anbietet. Das Kind lernt es schnell, die stillende Mutter mit der Brustwarze und der Muttermilch zu verbinden, und ist darum möglicherweise erschreckt und enttäuscht, wenn die gleiche Mutter ihm den künstlichen Sauger gibt. Beim Vater oder anderen Bezugspersonen hingegen besteht ein solcher Zusammenhang nicht.

Zusammenfassend lege ich Ihnen noch einmal nahe, bei Ihren Bemühungen, das Weinen des Babys zu deuten und richtig darauf zu reagieren und immer auch daran zu denken, daß das Kind vielleicht saugen möchte, ein Bedürfnis, das in der Hektik der Versuche, ein weinendes Baby zu besänftigen, oft übersehen wird. Ein Schnuller, ein Daumen oder eine leere Brust wirken Wunder, wenn das Baby sich durch Saugen beruhigen will.

Weinen und das Bedürfnis nach Körpernähe

Das vierte grundlegende Bedürfnis des Babys ist der schlichte Wunsch, gehalten zu werden, doch auch daran wird bei einem aufgeregten Baby aus Unwissenheit oft nicht gedacht. Wenn ein Kind versucht, diesen Wunsch durch Weinen zu vermitteln, dann läßt sich das Weinen leicht dadurch beenden, daß man das Baby einfach auf den Arm nimmt, sich mit ihm hinsetzt und es an sich drückt.

Dieses Bedürfnis nach Nähe zu einem Erwachsenen ist nicht einfach ein Ausdruck von Einsamkeit, es wurde vielmehr, wie Fachleute einhellig bestätigen, von der Evolution begün-

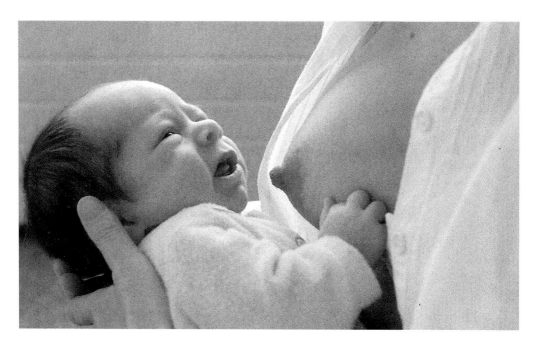

stigt. In vorgeschichtlicher Zeit waren kleine Kinder vor Raubtieren geschützt, wenn sie dicht bei den Eltern blieben; die Kinder, die man allein ließ, waren ungeschützt und damit gefährdet.

In den vierziger Jahren ergaben Studien an Babys in englischen Waisenhäusern, daß diese Kinder langsamer wuchsen als Kinder, die in Familien groß wurden, und entwicklungsbedingte Fähigkeiten wie Laufen und Sprechen erst später erwarben. Bei weiteren Untersuchungen stellte sich heraus, daß die Personen, die sich um die Kinder kümmerten, diese nur selten oder überhaupt nie auf den Arm nahmen, an sich drückten oder körperlich trösteten, und daß es dieser Mangel an körperlicher Zuwendung war, der die Entwicklung der Kinder verzögerte. Niemand bestreitet heute die wissenschaftliche Gültigkeit eines Gedankens, der jedem von uns instinktiv einleuchtet: Babys gedeihen nicht, wenn sie nicht Geborgenheit und Trost im körperlichen Kontakt mit Erwachsenen erfahren.

Doch auch hier gibt es, wie bei den anderen besprochenen Bedürfnissen, von Kind zu Kind große Unterschiede darin, wieviel kör-

perliche Zuwendung ein Baby jeweils braucht. Manche Babys wollen relativ selten gehalten werden, während andere offenbar nur dann glücklich sind, wenn man sie im Arm hält. Im letzteren Fall wird dann rasch das alte Schreckgespenst „Verwöhnen" heraufbeschworen – denken Sie nur an jene Regierungsbroschüren, die vor dem Heranziehen eines „Haustyrannen" warnten. Oft fürchten Eltern, dem weinenden Baby dadurch, daß man es an sich nehme, „nachzugeben", man zeige eine schwache Persönlichkeit, und es drohe dabei die Gefahr, daß auch das Kind einen schwachen Charakter entwickele. Hier also auch wieder Mythen und Irrtümer, die sich leicht festsetzen, wenn wohlmeinende Freunde und Bekannte mit eigenen Vorstellungen die Augenbrauen hochziehen oder Blicke wechseln beim Anblick besorgter Eltern, die ohne zu zögern ihr weinendes Kind auf den Arm nehmen.

Die Frage des „Verwöhnens"

Ich möchte die Frage des „Verwöhnens" im Zusammenhang mit Babys noch einmal erörtern und das Thema dabei endgültig abschließen. Was ist damit gemeint, wenn es heißt, ein Baby werde verzogen? Gewöhnlich bedeutet das, die Eltern ließen es zu, daß ihr Baby sie „manipuliere", das heißt sie mit allen Mitteln dazu bringe, seine Ansprüche zu erfüllen.

Eltern, die befürchten, in diese „Falle" zu gehen, denken dabei gewöhnlich an die Zukunft und glauben, ein Verhaltensschema, das sich im Säuglingsalter herausbilde, bleibe die ganze Kindheit hindurch bestehen. Sie fürchten, daß sie, wenn sie das Kind bei jedem Weinen an sich nehmen, am Ende Süßigkeiten und Spielzeug kaufen müssen, wann immer das Kind Theater macht: „Ich lasse mir doch mein Leben nicht von einem Kind vorschreiben! Am besten, man zeigt immer gleich, wer der Herr im Haus ist und wo die Grenzen sind. Ich lasse mich hier nicht manipulieren!"

Es ist zweifellos eine wichtige Aufgabe der Eltern, Grenzen zu zeigen. Kinder müssen lernen, daß sie nicht alles bekommen können, was sie wollen, und je konsequenter die Grenzen gesetzt werden, desto klarer erkennen Kinder, welches Verhalten richtig ist und welches nicht. Das Lernen von Grenzen kann jedoch in den ersten Lebensmonaten noch nicht stattfinden. In diesem Alter verfügt ein Baby gar nicht über die geistigen Fähigkeiten, die Eltern zu manipulieren oder die Regeln guten Benehmens zu verstehen. Es ist Unfug, zu glauben, ein Kind solle schon im Alter von zwei, drei oder vier Monaten lernen, „was sich gehört und worauf es ankommt".

Genauso unsinnig ist auch die Sprache, mit der dieser „Verwöhnungsprozeß" beschrieben wird. Das Wort „manipulieren" deutet eine Arglist an, zu der ein kleines Baby gar nicht fähig ist, und das Wort „Anspruch" – wie in „der manipuliert Sie, um seine Ansprüche durchzusetzen" – ist bedeutungslos bei einem Wesen, dessen Überleben davon abhängt, daß Erwachsene seine von der Natur angelegten körperlichen und psychischen Bedürfnisse erfüllen. Das richtige Wort ist hier „mitteilen", „manipulieren" ist es nicht. „Bedürfnisse" –

ja, „Ansprüche" – nein. Und schließlich: „sich kümmern" – ja. Aber „verziehen"? Nie. Es ist völlig unmöglich, ein kleines Baby zu verziehen.

Damit Ihr Kind gesund heranwächst und sich entwickelt, müssen Sie als Eltern seine Grundbedürfnisse erfüllen, doch daneben ist es Ihre Hauptaufgabe, dem Baby das Gefühl von Geborgenheit zu geben. Dies tun Sie, indem Sie auf die Signale Ihres Kindes reagieren und ihm damit zeigen, daß es von seiner Umgebung gehört und versorgt wird.

Wenn Sie statt dessen ein Baby, das auf den Arm genommen werden möchte, nicht aufnehmen und es weiter weinen lassen, dann wird sich das Kind das Weinen bestimmt nicht abgewöhnen. Babys sind noch nicht fähig, zu lernen, ihre Bedürfnisse zu unterdrücken. Statt dessen wird sich das Baby, wenn die durch Weinen herbeigerufene Zuwendung ausbleibt, unsicher fühlen, was den Wunsch, gehalten zu werden, dann nur noch verstärkt. Wenn Sie das Baby aber immer gleich auf den Arm nehmen, wenn es nach Nähe und Zärtlichkeit weint, dann werden seine Nöte bald geringer werden, da in dem Kind das Gefühl wächst, in einer fürsorglichen Umgebung geborgen zu sein.

Das „Herumtragen" des Babys

Es ist wichtig, daß Sie das Bedürfnis nach körperlicher Nähe und Geborgenheit nicht als Wunsch des Babys deuten, herumgetragen zu werden – und endlose Ausflüge um das Haus herum unternehmen. Das Bedürfnis des Babys läßt sich ganz einfach dadurch erfüllen, daß Sie mit ihm auf einem Stuhl sitzen und es ruhig und behutsam an sich drücken. Wenn ein Baby, das so gehalten wird, aufhört zu weinen, dann war es der Wunsch nach Körperkontakt, den es durch das Weinen mitteilte. Wenn Sie aber das Kind, um sein Weinen zu beenden, herumtragen müssen, dann war die Botschaft des Weinens nicht das Bedürfnis nach Nähe. Das Baby mag, wenn es umhergetragen wird, vorübergehend aufhören, seine aktuelle Not durch Weinen bekanntzugeben, doch nur, weil es für eine Zeitlang abgelenkt wird; es wird aber bald wieder anfangen zu weinen.

Charles und Karen, ein berufstätiges Ehepaar Mitte Dreißig, kamen erschöpft in meine Sprechstunde, nachdem sie ihr Baby Terry die halbe Nacht um das Haus getragen hatten. In warmen Nächten hatte Charles das Baby sogar im Kinderwagen bis in die Stadt gefahren. Seit Terrys Geburt hatten sie dies so getan, auf den Rat von Karens Eltern hin, die das Herumtragen von Babys für eine Art magisches Allheilmittel hielten.

„Warum sitzen Sie nicht einfach mit dem Baby?" schlug ich vor. „Das ist alles, was es braucht."

Dem Ehepaar fiel ein Stein vom Herzen. Zwar bekamen die beiden von da an auch nicht viel mehr Schlaf, denn Terry wollte oft und lange gehalten werden, doch wenigstens mußten sie nicht mehr herumlaufen. Durch das heftige Weinen des Babys waren sie nie auf den Gedanken gekommen, daß sich sein Wunsch nach Zuwendung auch mit geringerem Aufwand erfüllen ließ. Auch hier wieder wurde die Situation mit einem „bauchwehkranken" Baby durch gutgemeinte, aber nicht unbedingt richtige Ratschläge noch viel verworrener.

Wie Sie das schlafende Baby hinlegen

Eines Tages kam Glenda, die alleinstehende, berufstätige Mutter der drei Monate alten Gloria, in meine Sprechstunde; sie war am Ende ihrer Kräfte. „Die Kleine läßt sich einfach nicht hinlegen. Solange ich sie halte, bleibt sie ruhig und schläft dann am Ende sogar in meinem Arm ein. Sobald sie aber merkt, daß sie im Bett liegt, brüllt sie wie am Spieß, ganz gleich, wie müde sie ist. Ich nehme sie dann wieder auf den Arm, und sie schläft wieder ein. Ich lege sie wieder hin, und sie wacht wieder auf. So geht das manchmal die ganze Nacht, oft acht bis zehn Mal hintereinander. Ich bin ein wandelndes Wrack."

Von einer solchen Situation berichten mir Eltern häufig. Das Baby schläft leicht ein, wacht aber unweigerlich auf, sobald es hingelegt wird. Für mich ist dieses Problem eine natürliche Folge der Bedürfnisse des Babys nach Nähe und Körperkontakt. In den Armen der Eltern fühlt das Kind sich sicher und geborgen; folglich schläft es rasch ein. Doch sobald das Baby allein im Bett liegt, merkt es, daß die Eltern nicht mehr da sind und die Geborgenheit vorüber ist – und beginnt zu weinen, um mitzuteilen, daß es wieder gehalten werden möchte.

Manche Babys schlafen von selbst wieder ein, nachdem sie eine kurze Weile geweint haben. Andere jedoch geben nicht auf – sie weinen so lange, bis sie jemand in den Arm nimmt. Es ist sinnlos, diese hartnäckigen Kinder weinen zu lassen, sie werden nicht aufhören. Doch was kann man tun, wenn man nicht Tag und Nacht mit dem Baby auf einem Stuhl sitzen will?

Wenn Sie ein Baby von so beharrlichem Willen haben, dessen Bedürfnis nach Körpernähe groß ist, dann sollten Sie sich vor allem darauf konzentrieren, das Baby nicht zu wekken, wenn Sie es ins Bettchen legen. Versuchen Sie so geschickt und einfallsreich wie möglich, das Baby diese Veränderung nicht spüren zu lassen. Hier sind einige Tips dazu:

- Um Temperaturunterschiede zu vermeiden, sollten Sie das Kinderbett mit einem Heizkissen wärmen, bevor Sie das Baby hineinlegen. (Achtung: Denken Sie immer daran, das Heizkissen zu entfernen, bevor Sie das Kind hinlegen, und prüfen Sie sorgfältig, ob das Bett nicht zu heiß ist!)

- Warten Sie so lange, bis das Baby fest zu schlafen scheint, bevor Sie es hinlegen.

- Verändern Sie die Stellung des Babys nur ganz langsam und allmählich, da das Baby den Wechsel von einer eher senkrechten zu einer waagerechten Haltung spürt.

- Wenn das Baby älter als drei Wochen ist, können Sie es unbesorgt auf den Rücken legen. Wenn Sie aus Vorsicht unnötig viel manövrieren, wacht das Baby möglicherweise auf.

Dieser letzte Punkt muß noch etwas erläutert werden. Viele Menschen glauben, es sei gefährlich, wenn man ein Baby auf den Rücken lege, da es vielleicht spucke, aufstoße oder erbreche und dann daran ersticke. Dieser Rat ist aus Vorsicht entstanden, ist aber dennoch unnötig, wenn das Baby schon vier Wochen oder älter ist. Ab dem zweiten Lebensmonat können Kinder ihren Kopf zur Seite drehen, und sie tun das, um nicht zu ersticken, ganz automatisch, wenn sie spucken oder erbrechen. Es ist vollkommen ungefährlich, ein Baby in diesem Alter auf dem Rücken schlafen zu lassen.

Bei Babys, die noch nicht vier Wochen alt sind, ist die Vorsichtsmaßnahme gegen Ersticken die, das Baby auf den Rücken zu legen, es jedoch auf einer Seite mit einer aufgerollten Decke oder einer Windel abzustützen.

Sie werden es bald lernen, das Baby in sein Bettchen zu legen, ohne es dabei zu wecken, wenn Sie sich auf diese Schritte konzentrieren und sie immer wieder üben. Wenn das Baby dennoch erwacht und zu weinen beginnt, dann nehmen Sie es wieder auf, bevor es sich zu sehr aufregt, und versuchen es später noch einmal.

Weinen und das Bedürfnis nach Anregung

Es ist eine Tatsache, daß Babys sich langweilen! Von ihrer Geburt an brauchen menschliche Wesen optische und akustische Reize, das heißt ihre Augen und ihr Gehörsinn wollen angeregt werden. Es hängt von dieser Anregung ab, ob sich Gehirn, Nervensystem und Gefühlsleben normal entwickeln, und ein Baby, das solche Stimulation braucht, weint. Wenn Ihr Kleines also gefüttert wurde, ausgeschlafen ist, weder den Schnuller noch die

Brust will und auch noch weint und zappelt, wenn es ruhig gehalten wird, dann mag das Weinen ein Hinweis auf das fünfte Grundbedürfnis eines Babys sein – das nach Anregung. Weit verbreitet ist der Glaube, ein Baby könne durch „zuviel Beachtung" ein Übermaß an Anregung bekommen. Ein Baby, das für äußere Reize empfänglich ist, kann gar nicht genug stimuliert werden. Wenn allerdings von einem Übermaß an Anregung gesprochen wird, dann gilt das gewöhnlich für ein Baby, das zur Aufnahme äußerer Reize noch nicht fähig ist. Eine solche Reizüberflutung läßt sich leicht vermeiden, wenn man die jeweiligen Bedürfnisse des Babys erfüllt, indem man richtig darauf reagiert. Es findet sich jedoch wirklich selten ein Laie, der anerkennt, daß es für ein Baby notwendig ist, etwas zu hören und zu sehen. Dies ändert nichts daran, daß dies wirkliche Bedürfnisse sind, die seine Entwicklung fördern.

Wege der Anregung

Natürlich möchte ich Ihnen hier nicht vorschlagen, Ihrem 12 Wochen alten Baby den Kopfhörer eines Walkmans aufzusetzen und ihm Bänder mit klassischer Musik oder Französischlektionen vorzuspielen. In seinen ersten Lebensmonaten braucht das Kind keine komplizierte Anregung. Es reicht, wenn Sie Ihr Baby in einem Raum, in dem viel geschieht, in eine Wippe legen. Die Bewegungen und Geräusche der im Haus umherlaufenden Leute sind genau das, was das Kind möchte. Auch durch Sprechen mit dem Baby befriedigt man sein Bedürfnis nach Anregung, und wenn die Zeit reif dafür ist, wird der Verstand des Kindes mit Sprache vertraut, das ist unabdingbar für das spätere Sprechenlernen.

Wenn Sie versuchen, das Bedürfnis des Babys nach Anregung zu erfüllen, sollten Sie wissen, daß das Kind sich in den ersten acht bis zehn Wochen nach der Geburt nur für kurze Zeitspannen auf etwas konzentrieren kann. Es ist darum möglich, daß das Baby ermüdet, nachdem es den Aktivitäten im Haus zehn oder 15 Minuten lang gelauscht und zugesehen hat. Seien Sie also nicht überrascht, wenn das Baby zuerst glücklich zu sein scheint und dann plötzlich zu weinen beginnt – vielleicht möchte es jetzt schafen. Das Kind mag noch nicht fähig sein, mehr als eine Viertelstunde lang äußere Reize aufzunehmen.

Bei der Überlegung, womit man die Wahrnehmung eines Babys, das jünger als drei Monate ist, am besten stimuliert, muß man zuerst wissen, an welchem Punkt seiner Entwicklung es sich gerade befindet. Kurz nach der Geburt zum Beispiel können Babys ihre Augen noch kaum auf etwas konzentrieren. Sie nehmen große, sehr helle, sich bewegende Gegenstände wahr, sind jedoch noch nicht fähig, Gesichter so gut zu sehen, daß sie sie unterscheiden können. Wenn sie drei Monate alt sind, sehen sie deutlich genug, um Augen und Mund wahrzunehmen, doch einzelne Gesichter können sie noch immer nicht erkennen. Sie hören zwar, erschrecken jedoch bei lauten Geräuschen, und nach der Geburt dauert es erst einige Wochen, bis sie eine menschliche Stimme als solche wirklich erkennen.

Sie sehen also, daß ein Mobile zur Unterhaltung eines sehr kleinen Babys wenig sinnvoll ist. Mobiles sind bunt und bewegen sich, doch nehmen Babys sie wahrscheinlich erst wahr, wenn sie schon ziemlich groß sind. Vor dem dritten Lebensmonat ist auch anderes Spielzeug wenig hilfreich, doch große, helle, sich bewegende Objekte – Menschen in einem Zimmer zum Beispiel – erwecken bestimmt das Interesse des Babys. Babys hören Musik und scheinen sie zu genießen, so daß ein tönendes Mobile oder andere Quellen von Musik schon in den ersten Lebenswochen akustische Anregung bieten. Nicht weniger faszinierend sind in diesem Alter jedoch die Geräusche einer beschäftigten Familie bei der Vorbereitung des Abendessens. Auch an Aufziehschaukeln mit ihrer gleichmäßigen Bewegung freuen sich die meisten Babys.

Individuelle Unterschiede

Das Bedürfnis nach Anregung unterscheidet sich in seiner Stärke von Baby zu Baby erheblich. Einige Säuglinge verbringen einen großen Teil ihrer Zeit wach, aufmerksam und

offen für alle äußeren Reize. Es sind oft die gleichen Babys wie die, die relativ wenig Schlaf brauchen – die, die in einer Wippe auf dem Küchentisch liegen und glücklich zusehen, wie Sie das Essen zubereiten oder andere Arbeiten erledigen. Andere hingegen ermüden bei solcher Unterhaltung schnell und möchten dann gehalten werden, an Daumen oder Schnuller saugen oder schlafen.

Wenn Sie dabei sind, ein Gefühl dafür zu entwickeln, wieviel Anregung Ihr Kind braucht und gern hat, dann sollten Sie es nicht an irgendwelchen Normwerten messen, die für Babys dieses Alters angeblich gelten, denn in diesem Bereich sind die Unterschiede zwischen den einzelnen Kindern enorm. Vielmehr bietet sich Ihnen dabei eine weitere Gelegenheit, etwas über die ganz persönliche Einzigartigkeit Ihres Babys zu erfahren – die Wesenszüge, durch die Ihr Kind zu einem Individuum wird.

Doch was ist mit ...?

Es wird Ihnen aufgefallen sein, daß diese Liste von fünf Gründen, aus denen ein Baby weint – das Bedürfnis nach Nahrung, Schlaf, Saugen, Körpernähe und Anregung –, viele andere Ursachen nicht enthält, auf die man das Weinen von Babys gemeinhin zurückführt. Ganz offensichtlich fehlt das Zahnen; ebenso der Drang, aufzustoßen oder ein „Bäuerchen" zu machen. Aufgeführt sind nicht das Verlangen des Babys nach frischen Windeln oder der Wunsch, Wasser zu trinken. All diese Ursachen habe ich nicht etwa vergessen, es sind einfach keine Gründe, die ein gesundes Baby zum lang anhaltenden Weinen bringen.

Das Zahnen

Schmerzen und Beschwerden im Zahnfleisch durch hervordringende Zähne treten in den ersten drei Lebensmonaten noch nicht auf. Im Durchschnitt wächst dem Kind der erste Zahn, wenn es sechs Monate alt ist, vor dem

vierten Lebensmonat kommt kaum jemals ein Zahn. Allerdings beginnt das Baby im Alter von 12 Wochen ständig zu sabbern und alle möglichen Dinge in den Mund zu nehmen. Eltern schließen daraus oft, das Kind bekomme Zähne, doch hat sein Verhalten damit überhaupt nichts zu tun. An diesem Punkt seiner Entwicklung ist es für das Baby ganz normal, wenn es sabbert und alles in den Mund nimmt. Ein Kind wird dies im vierten Lebensmonat immer tun, ob es nun zur gleichen Zeit oder erst drei oder sechs Monate später Zähne bekommt. Immer wieder diskutieren Ärzte und Eltern darüber, welche Verhaltensweisen vom Zahnen ausgelöst werden und welche nicht. Zum Glück brauchen wir uns damit nicht näher zu befassen, es genügt die Feststellung, daß das Zahnen bei sehr kleinen Babys kein Grund zur Besorgnis ist.

Das Windelnwechseln

Weint ein Baby, wenn ihm verschmutzte Windeln Unbehagen bereiten? Auch diese Frage ist unnötig; man muß die Windeln ohnehin ständig wechseln, da es für den betreffenden Hautbereich unbedingt notwendig ist. Wenn man das Baby in seinen verschmutzten Windeln läßt, wird sich die Haut entzünden, bis sie schließlich eitert und sich Geschwüre bilden. Ich denke, Sie sind intelligent genug, um nicht ausdrücklich daran erinnert zu werden, wie wichtig es ist, daß man die Windeln immer gleich wechselt, sobald es nötig ist. Es stimmt, daß manche Kleinkinder stundenlang in nassen oder schmutzigen Windeln herumlaufen, ohne zu verlangen, daß man sie wechselt, während andere ihre Eltern sofort darauf aufmerksam machen, daß sie frische Windeln brauchen. Bei Säuglingen gibt es vermutlich schon die gleichen Unterschiede in der Empfindlichkeit der Haut. Einige Babys werden also weinen, wenn ihre Windeln naß sind, andere nicht. Die Frage erübrigt sich dennoch angesichts der allgemein bekannten Grundsätze von Hygiene und Hautpflege.

Das Aufstoßen

Beim Füttern verschluckte Luft entweicht von selbst, ob man das Baby nun absichtlich zum Aufstoßen bringt oder nicht. Die Speiseröhre des Säuglings ist noch nicht so gut entwickelt, daß sie Luft zurückhalten kann; sogar beim Schlucken von Milch leistet sie oft keine gute Arbeit, was erklärt, warum Babys so häufig wieder ausspucken. Wenn ein Baby nicht aufstößt und Luft im Magen zurückbehält, dann wird nichts Schlimmeres geschehen, als daß das Gas entweicht, wenn das Kind im Bettchen liegt; dabei wird das Baby wahrschein lich zusammen mit der Luft wieder etwas Milch von sich geben.

Ich habe noch nie ein Baby erlebt, das weinte, weil es nicht zum Aufstoßen gebracht worden war; statt dessen habe ich Babys gesehen, die weinten, weil man sie zu häufig aufstoßen ließ, wie in dem folgenden Bericht über das Baby Alice.

Die kleine Alice wurde von ihrer Mutter Mary in meine Sprechstunde gebracht, weil sie immer bitterlich weinte, wenn sie gefüttert wurde. Ich sprach mit Mary darüber, wie sie dem Baby die Milch gab, und erfuhr, daß sie jedes Füttern dreimal unterbrach, um Alice aufstoßen zu lassen. Es dauerte immer fünf bis zehn Minuten, bis Alice endlich aufstieß, und da Mary das Füttern in dieser Zeit nicht fortsetzte, begann das Baby jedes Mal heftig zu weinen. Auf diese Art nahm das Füttern

mindestens eine Stunde in Anspruch und war die reine Hölle. Mary hatte diese Methode von ihrer Mutter gelernt, die glaubte, bei dem Baby ließen sich damit Blähungen und Bauchschmerzen verhüten.

Was geschah hier genau? Ob ein Baby aufstößt oder nicht, hängt allein davon ab, wieviel Luft es zusammen mit der Milch schluckt. Manche Babys verschlucken keine Luft, für sie ist darum Aufstoßen nach dem Essen nicht nur unnötig, sondern ganz einfach auch unmöglich. Andere Babys schlucken viel Luft und machen bereitwillig ein „Bäuerchen". Alice hatte nach nur 30 ml Milch aus der Flasche keine Luft geschluckt und konnte darum beim besten Willen nicht aufstoßen. Doch sie war hungrig und weinte, um weitergefüttert zu werden, und nach zehn Minuten heftigen Weinens hatte sie eine Menge Luft geschluckt und konnte schließlich aufstoßen. Mary war daraufhin sehr glücklich und gab ihr wieder Milch, doch nur um das gleiche Spiel nach den nächsten 30 ml von vorne zu beginnen.

Manche Eltern unterbrechen auch jedes Füttern zwei- bis dreimal, da ihr Baby die Milch immer wieder erbricht. Viele Ärzte raten dann den Eltern, das Kind so oft wie möglich aufzustoßen zu lassen – und auch hier ist heftiges Weinen das Ergebnis des unterbrochenen Fütterns. Es hat jedoch nichts mit Blähungen zu tun, wenn ein Baby Milch wieder ausspeit; dies liegt vielmehr an der noch nicht voll entwickelten Speiseröhre, diesem Muskelschlauch, der die Nahrung vom Mund in den Magen befördert.

Ich empfehle Ihnen, das Füttern einmal für etwa eine Minute zu unterbrechen, um das Baby behutsam aufstoßen zu lassen. Machen Sie sich keine Sorgen, wenn das Baby nicht aufstößt, sondern geben Sie ihm dann ganz einfach wieder Milch. Wenn das Kind schließlich satt ist, warten Sie noch einmal eine Minute, und wenn es auch dann nicht aufstößt, brauchen Sie sich immer noch nicht zu sorgen; beenden Sie das Füttern einfach.

Braucht das Baby Wasser?

Babys brauchen kein Wasser und weinen fast nie danach. Unabhängig von Hunger bekommen Babys normalerweise keinen Durst – die beiden Bedürfnisse treten immer gleichzeitig auf.

Flaschenmilch enthält ausreichend Wasser, was Sie bestimmt wissen, wenn Sie sie in konzentrierter Form verwenden – einen Teil Pulver auf den gleichen Teil Wasser. Auch Muttermilch enthält reichlich Wasser.

Wenn es draußen allerdings 34 Grad hat, bei 100 Prozent Luftfeuchtigkeit, und Sie weder einen Ventilator noch eine Klimaanlage besitzen, dann wird Ihr Baby vielleicht wirklich Durst bekommen, und Sie können ihm Wasser zu trinken geben. Ansonsten sind Babys, wenn sie Flüssigkeit wollen, hungrig und brauchen darum Milch und nicht Wasser.

Was Eltern sonst noch tun

Sie werden bemerkt haben, daß ich viele der Methoden nicht erwähnt habe, mit denen Eltern oft ihr weinendes Baby beruhigen – wie, mit dem Kind eine Autofahrt zu unternehmen oder es im Kinderwagen hin- und herzuschieben. Es stimmt zwar, daß solche Manöver das Weinen manchmal zum Stillstand bringen – wenn schon nicht immer, so doch gelegentlich –, doch all diese Mittel helfen nur vorübergehend, indem sie das Baby von dem Bedürfnis, um das es bei dem Weinen eigentlich geht, ablenken. Solche Ablenkungen besänftigen das Baby vielleicht für eine Zeitlang, lösen jedoch das eigentliche Problem nicht.

In diesem Kapitel war es mein Ziel, jenen oft hochgradig unklaren und verworrenen Bereich im Leben einer Familie: Warum ein gesundes Baby weint, zu klären. Wenn Sie ganz einfach wissen, aus welchen Gründen Ihr Baby weint, und Mythen und falsche Vorstellungen erkennen, dann verschwenden Sie nicht Ihre Zeit mit schlechten Ratschlägen und erfolglosen Manövern und haben damit das Rätsel Ihres weinenden Babys schon halb gelöst.

Der zweite und letzte Schritt auf dem Weg, das Weinen Ihres Babys zu verstehen und ein Bauchwehsyndrom zu heilen oder zu verhüten, besteht in einem kurzen, gezielten, planmäßigen Vorgehen nach der Methode Versuch-und-Irrtum, das von einer detaillierten Tagebuchführung ergänzt wird. Auf diesem Weg werden Sie die einzigartigen, ganz besonderen Mitteilungen Ihres Babys verstehen lernen. Bisher haben wir uns mit allen gesunden Babys befaßt und damit, was sich über die Gründe ihres Weinens ganz allgemein aussagen läßt. Im folgenden Kapitel werden wir uns dem Besonderen zuwenden: Ihrem Baby, Ihrer Familie und den jeweiligen Botschaften, die im Weinen Ihres Babys enthalten sind.

5
Wie Sie auf das Weinen Ihres Babys reagieren: Das Programm

In diesem Kapitel habe ich die ärztliche Beratung, die Familien mit einem „bauchwehkranken" Baby in meiner Sprechstunde erhalten, zu einem Programm umformuliert, das Sie zu Hause durchführen können. Mit Hilfe dieses Programms werden Sie genau entschlüsseln, warum Ihr Baby weint, und Ihre Reaktion darauf abstimmen.

Dieses Programm bewältigt die schwierige Situation eines Bauchwehsyndroms, indem es Ordnung und Klarheit in das Problem bringt und Ihnen rasches Handeln ermöglicht – drei Schlüsselbegriffe, die Sie im Gedächtnis behalten sollten. Im wesentlichen ist das Programm eine Anleitung dazu, wie Sie die richtige Reaktion auf das Weinen Ihres Babys durch Ausprobieren schnell ermitteln.

Wem wird das Programm zugute kommen? Familien mit einem Baby, das am Bauchwehsyndrom leidet, werden eine dramatische Besserung erleben – gewöhnlich schon innerhalb von zwei bis drei Tagen. Wenn das „Bauchweh" allerdings schon seit Monaten besteht, dann mag es etwas länger dauern, bis eine Besserung eintritt. Das Programm hilft auch den Eltern, die ihr weinendes Baby besser verstehen und ihm schneller helfen möchten, selbst wenn das Weinen das normale Maß von 30 bis 90 Minuten täglich nicht übersteigt. Zu Anfang möchte ich noch einmal betonen, daß das Programm wirklich hilft – und rasch hilft –, indem es das Weinen eines Babys in nur sieben Minuten beendet. In meiner täglichen Arbeit als Arzt habe ich zahllosen Eltern mit diesem Programm geholfen, dessen therapeutische Wirksamkeit zu-

dem durch zwei wissenschaftliche Studien unter fachmännischer Aufsicht nachgewiesen wurde. Ich habe die beiden Studien schon an früherer Stelle erwähnt, als es um die Frage ging, ob sich das Weinen von „bauchwehkranken" Babys, die mit Flaschenmilch genährt werden, nach einem Wechsel des Präparats verringere. Eine dieser Studien beschreibe ich hier noch einmal detaillierter.

In dieser Studie verglich ich die Erfolge zweier verschiedener Therapien des „Bauchwehs": den Wechsel des Nahrungspräparats und die Beratung der Eltern dabei, auf die Mitteilungen Ihres weinenden Babys richtig zu reagieren. Beide Vergleichsgruppen bestanden aus Babys, die zu Beginn der Studie mindestens drei Stunden pro Tag weinten. Bei den Säuglingen, die mit neu zusammengesetzter Flaschennahrung behandelt wurden, verringerte sich das Weinen im Verlauf von neun Tagen etwas, doch auch nach dem neunten Tag weinten diese Babys im Durchschnitt noch zwei Stunden täglich – immer noch erheblich über dem normalen Mittelmaß von 30 bis 90 Minuten in 24 Stunden. Die Säuglinge hingegen, deren Eltern dazu angeleitet wurden, die Botschaften im Weinen ihres Babys angemessen zu beantworten, weinten nach drei Tagen im Durchschnitt noch 90 Minuten in 24 Stunden, die obere Grenze des als normal geltenden täglichen Weinens. Nach Ablauf von neun Tagen weinten diese nur noch 60 Minuten, was genau dem statistischen Mittelmaß bei Babys dieser Altersgruppe entspricht.

Das bei den Eltern angewandte Beratungs-

programm, das hier zu einem schnellen, methodischen Verfahren nach dem System Versuch-und-Irrtum umformuliert wurde, besteht aus vier Schritten.

Schritt 1: Die Untersuchung beim Kinderarzt

Diesen ersten Schritt habe ich schon umfassend erörtert: Lassen Sie von einem Arzt, dem Sie vertrauen und mit dem Sie offen reden können, die vollständige Krankengeschichte Ihres Babys aufnehmen und eine medizinische Untersuchung durchführen. Der Arzt wird das Kind sorgfältig wiegen und messen, um festzustellen, ob Wuchs und Gewichtszunahme normal sind. Als nächstes wird der Arzt nach möglichen Ursachen für das Wei-

nen suchen; es kommt selten vor, daß ein Arzt bei einem Baby medizinische Probleme findet, die den Eltern überhaupt nicht bewußt sind, doch es ist möglich. Der Arzt wird auf diesem Weg sicherstellen, daß das Baby nicht unter Krankheiten leidet wie einer chronischen Ohrinfektion, einem eingeklemmten Leistenbruch oder schwer blockierter Nasenatmung, Befunde, die nicht nur medizinische Behandlung erfordern, sondern auch Beschwerden und Schmerzen verursachen, die zu übermäßigem Weinen führen können.

Im weiteren sollte der Arzt eine Rektaluntersuchung vornehmen, um sicherzugehen, daß das Kind keinen verengten Enddarm hat, etwas, das Beschwerden beim Stuhlgang verursachen kann. Auch harter Stuhlgang kann Schmerzen bereiten und zu dem untröstlichen Weinen des Babys führen, weshalb der Arzt

Sie eingehend nach der Konsistenz des Stuhlgangs des Kindes befragen sollte. Auch andere mögliche Ursachen von Schmerzen muß man ausschließen, wie etwa ein bei der Geburt gebrochenes Schlüsselbein (dies tritt selten auf, kann jedoch vorkommen und wird leicht übersehen), eingewachsene und entzündete Fußnägel oder ein straff um die Zehen des Kindes gewickeltes Haar (ebenfalls ein seltener Befund).

Bei der Aufnahme der medizinischen Vorgeschichte durch den Arzt müssen Sie jedes Erbrechen und jeden Durchfall unbedingt erwähnen. Wie ich schon gezeigt habe, liegt bei solchen Symptomen kein Bauchwehsyndrom vor, statt dessen ist wahrscheinlich eine Magen-Darm-Erkrankung, die sofort behandelt werden muß, der Grund für das Weinen des Babys.

Sobald der Arzt festgestellt hat, daß Ihr Kind völlig gesund ist, können Sie zum zweiten Schritt des Programms übergehen.

Noch eine letzte Anmerkung: wenn Sie sich mit dem Programm vertraut gemacht haben, sollten Sie nicht vergessen, die am Ende des Kapitels aufgeführten, meinen Patientenakten entnommenen Fallstudien zu lesen. Aus diesen Berichten erfahren Sie, welche möglichen Reaktionen ich den Eltern nach Analyse der Tagebücher, die sie über das Verhalten ihres Baby geführt hatten, vorschlug. Durch die geschilderten Umstände und Versuche, auf das Weinen des Babys zu reagieren, gewinnen Sie vielleicht einen plötzlichen Einblick in Ihre eigene Situation. Eine weitere Absicht der Fallgeschichten ist es, Sie in Ihrer Zuversicht zu bestärken, daß Ihr Baby bald weniger weinen wird, wenn Sie sich um die Ursache des „Bauchwehs" kümmern und nicht mehr nur um die Folgen.

Schritt 2: Die Tagebuchführung über das Verhalten des Babys

Um die angestrebte Klarheit zu erreichen, ist es wesentlich, daß Sie ein Protokoll oder Tagebuch führen, in dem Sie das gesamte Verhalten Ihres Babys – Schlafen, Wachsein, Weinen, Zeiten, in denen das Kind glücklich ist – exakt und detailliert erfassen. Sie werden aus diesem Verhaltenstagebuch schon fast unmittelbar Nutzen ziehen, indem Sie genau erfahren, wie viele Minuten Ihr Baby pro Tag weint. Nach Ablauf der ersten 24 Stunden stellen Sie vielleicht fest, daß das Tagebuch Ihre Schätzung bestätigt. Doch es kann auch sein, daß das Gegenteil eintritt – indem Sie erkennen, daß Sie die tatsächliche Zeit, die Ihr Baby am Tag weint, unbewußt zu hoch angesetzt haben. Durch die das Bauchwehsyndrom begleitende Anspannung, Erschöpfung und Verwirrung kann sich die Empfindung so sehr verstärken, daß die tatsächliche Zeit, die das Kind weint, von den Eltern oft 50 Prozent zu hoch eingeschätzt wird.

Sehen Sie sich nun bitte die Tagebuchseitenvordrucke am Ende des Buches an. Benutzen Sie zwei der Bögen zur Erstellung einer Anfangsbewertung, um einen genauen Überblick über die 24 Stunden vor Beginn des Programms zu erhalten. Sie finden zusätzliche Vordrucke für weitere sechs 24-Stunden-Zyklen, die Sie verwenden können, wenn Sie bei der Protokollführung Fehler machen oder andere unvorhergesehene Ereignisse eintreten, wie etwa der seltene Fall, daß es bis zum Abklingen des Bauchwehsyndroms noch länger dauert.

Die Gestaltung der Vordrucke soll Ihnen das Ausfüllen so einfach wie möglich machen, indem Sie durch Verwendung eines Systems von Kürzeln und Codes jede denkbare Situation erfassen können. Sie werden sehen, daß die stündlichen Einträge das Wesen und Befinden Ihres Babys vollständig beschreiben. Dadurch erhalten Sie zu Beginn des Programms eine genaue Darstellung der Situation mit Ihrem weinenden Baby und können danach verfolgen, wie sich das Verhalten des Kindes im weiteren Verlauf des Programms entwickelt. Nichts stärkt Ihre Zuversicht mehr, als wenn Sie sehen, wie sich die Zahl der Minuten, die das Baby weint, von Tag zu Tag verringert. Das Tagebuch erfaßt jedoch nicht nur das Verhalten Ihres Babys, sondern auch Ihr eigenes Verhalten. Mit Hilfe der ausgefüllten Tagebuchseiten behalten Sie genau im Auge, wie Sie auf das Weinen des Babys jeweils reagierten und ob das Baby auf die von Ihnen gewählte Zuwendung ansprach und aufhörte zu weinen oder nicht. Dadurch wird es Ihnen möglich, immer neue Handlungsalternativen auszuprobieren, ohne daß Sie sich dabei wiederholen, durcheinandergeraten oder etwas vergessen.

Wie Sie das Tagebuch ausfüllen

Auf den Seiten 115–126 finden Sie Muster zweier Tagebuchseiten für jeweils 12 Stunden.* Die erste Seite erfaßt den Zeitraum von 0 bis 11 Uhr, auf der Rückseite erfassen Sie die Zeit von 12 bis 23 Uhr, wobei für jede Stunde eine Zeile vorgegeben ist. Lassen Sie das Buch an deutlich sichtbarer Stelle geöffnet liegen, damit Sie nicht vergessen, am Ende jeder Stunde Ihren Eintrag zu machen. (Wenn Sie nicht in das Buch schreiben möchten, fotokopieren Sie die Vordrucke und legen Sie sie ebenso deutlich sichtbar aus, vielleicht auf einen Manuskripthalter geklemmt.) Legen Sie einen Stift neben die Tagebuchblätter, damit das Ausfüllen so einfach wie möglich wird. Denken Sie daran, daß diese Buchführung keine Lebensaufgabe, sondern eine Arbeit von wenigen Tagen ist. Das Ergebnis wird die Mühe lohnen.

Stellen Sie sich darauf ein, daß Sie die Vordrucke mindestens vier Tage lang ausfüllen müssen. Versuchen Sie, die Einträge so

pünktlich wie möglich zur vollen Stunde zu machen. Füllen Sie also während des Tages die Spalten stündlich aus, indem Sie am Ende jeder Stunde die Eintragungen vornehmen. Tragen Sie die Nachtstunden am Morgen nach und denken Sie dabei vor allem daran, die Schlaf- und Wachzeiten des Babys genau zu vermerken.

Auch wenn Sie einmal merken sollten, daß Sie eine Stunde vergessen haben und sich an die jeweilige Erfahrung nicht mehr erinnern können, so war die Protokollführung über diesen Tag doch kein völliger Verlust. Da Sie mit diesem Programm allerdings nur wenige Tage arbeiten, wird sich schon der Verlust von einer Stunde der Buchführung beim Vergleich der einzelnen Endergebnisse bemerkbar machen. Bemühen Sie sich also, die für die jeweiligen Stunden vorgegebenen Zeilen so gewissenhaft wie möglich auszufüllen, damit Ihre Aufzeichnungen exakt sind.

Vermerken Sie das jeweilige Verhalten Ihres Babys mit dem im Tagebuchblatt aufgeführten Code. Dieser Code ist eine leistungsfähige Kurzschrift, mit der sich all die möglichen Wach- und Schlafzustände, in denen sich das Baby zu irgendeinem Zeitpunkt befinden mag, notieren lassen. Obwohl die Kürzel einfach sind und für sich selbst sprechen, werde ich sie hier noch einmal im einzelnen erläutern, damit Sie mit dem Codesystem vertraut werden und es sich einprägen können.

S = *Schläft allein (wird nicht gehalten)*
Ihr Baby schläft irgendwo – im Kinderbett, in Ihrem Bett, im Babystuhl, auf dem Autositz. Wichtig ist nicht, wo das Baby schläft, sondern daß es dabei allein ist, also von niemandem im Arm gehalten wird.

SH = *Schläft und wird gehalten*
Ihr Baby schläft in Ihrem Arm oder wird von jemand anderem gehalten.

F = *Wird gefüttert*
Ihr Baby wird gefüttert oder gestillt. Es ist nicht wichtig, wer das Baby füttert.

---

* Wenn Sie einen 12-Stunden-Zyklus vollständig erfaßt haben und am unteren Blattrand angelangt sind, dann nehmen Sie sich die Zeit, zusammenzurechnen, wie viele Minuten Ihr Baby insgesamt weinte.

12-Stunden-Tagebuchseite

Name *Jane*

Wochentag/Datum

Aktivitätscode

S	=	Schläft allein (wird nicht gehalten)
SH	=	Schläft und wird gehalten
F	=	Wird gefüttert
WAG	=	Ist wach, allein und glücklich
		(im Kinderbett, in der Wiege, im Babystuhl usw., wird jedoch nicht gehalten)
WAW	=	Ist wach, allein und weint
WHG	=	Ist wach, wird gehalten und ist glücklich
WHW	=	Ist wach, wird gehalten und weint
(T)	=	Wird herumgetragen
(W)	=	Wird gewiegt
B	=	Wird gebadet
(S)	=	Saugt am Schnuller

Stunde	Anfangs-zeit	Aktivität	Weinen in Minuten
12	fortges.	F / 12.30 WHG / 12.45 WAW / 12.50 S	5
13		S	
14		S	
15		S / 15.30 F	
16	16.10	WHW / 16.20 WAG (S) / 16.25 WAW / 16.30 WHW	45
17	17.15	S	15
18		S	
19		B / 19.15 F / 19.45 WHG	
20	20.05	WAW (Bett) / 20.10 WHG / 20.25 WAG (Wiege)	5
21		S	
22	22.15	WAW (Wiege) / 22.20 WHW / 22.25	10
23			

Gesamtdauer des Weinens in Minuten: 80

WAG = *Ist wach, allein und glücklich*
Das Baby ist völlig wach und wird nicht gehalten – zum Beispiel im Kinderbett, in der Wiege, auf dem Babystuhl oder im Autositz. Es weint nicht. Es mag mit Lauten andeuten, gleich zu weinen, weint jedoch nicht wirklich.

WAW = *Ist wach, allein und weint*
Das Baby ist wach, wird nicht gehalten und teilt durch Weinen mit, daß es etwas braucht, also eine bestimmte Reaktion von Ihnen erwartet.

WHG = *Ist wach, wird gehalten und ist glücklich*
Das Baby wird von Ihnen oder jemand anderem gehalten und weint nicht. Auch hier gibt es vielleicht Laute von sich, als ob es gleich weine, weint jedoch nicht richtig.

WHW = *Ist wach, wird gehalten und weint*
Das Baby wird von Ihnen oder jemand anderem gehalten und weint. Bitte beachten Sie bei den Kürzeln WHG und WHW: wenn das Baby einfach ruhig gehalten wird, dann reicht es, wenn Sie den jeweiligen Code eintragen; wird das Baby jedoch herumgetragen oder gewiegt, dann vermerken Sie dies bitte durch eingeklammertes (T) oder (W) – also etwa WHG(T) oder WHW(W).

B = *Wird gebadet*
Das Kind wird in der Wanne gebadet oder einfach mit Waschlappen oder Schwamm gewaschen.

(S) = *Saugt am Schnuller*
Wann immer das Baby am Schnuller saugt oder es den angebotenen Schnuller ablehnt, dann vermerken Sie dies bitte in Klammern nach dem entsprechenden Aktivitätscode – also etwa WAG(S).

Vermerken Sie auf den Tagebuchvordrucken vor dem jeweiligen Code in der Spalte „Anfangszeit" die Uhrzeit, zu der das Verhalten begann, und setzen Sie dann hinter das Kürzel einen Schrägstrich, um anzuzeigen, daß das jeweilige Verhalten aufhörte. Die bei dem nächsten Verhalten nach dem Schrägstrich notierte Uhrzeit ist zugleich die Zeit, zu der das vorherige Verhalten endete.

Wann immer das Baby allein ist – also nicht gehalten wird –, dann notieren Sie bitte den Ort, wie zum Beispiel Kinderbett = (K), Babystuhl = (B), Autositz = (A).

Wenn ein Verhalten nicht genau um 12 beziehungsweise 0 Uhr beginnt, sondern eine Fortsetzung der vorigen Seite ist, dann schreiben Sie bitte in das Kästchen „Anfangszeit" den Vermerk „fortgesetzt".

. Zum Beispiel:

12.00 Uhr: Jane wurde gerade gefüttert. Im Kästchen „Anfangszeit" wurde darum „fortgesetzt" vermerkt. Jane wurde danach noch weiter im Arm gehalten und schien sehr glücklich zu sein. Um 12.45 Uhr wurde sie in ihr Bettchen gelegt und begann zu weinen. Um 12.50 Uhr war sie eingeschlafen. Gesamtdauer des Weinens: 5 Minuten.

13.00 Uhr: Jane schlief immer noch. Sie wachte die ganze Stunde nicht auf. Gesamtdauer des Weinens: 0 Minuten.

14.00 Uhr: Jane schlief weiter, die ganze Stunde hindurch. Gesamtdauer des Weinens: 0 Minuten.

15.00 Uhr: Jane schlief weiter bis 15.30 Uhr; dann begann man, sie zu füttern. Gesamtdauer des Weinens: 0 Minuten.

16.00 Uhr: Das Füttern wurde bis 16.10 Uhr fortgesetzt. Um diese Zeit wollte Jane nicht weiter gefüttert werden und begann zu weinen. Sie weinte bis 16.20 Uhr, als man ihr den Schnuller gab und sie in die Wiege legte. Um 16.25 Uhr begann sie erneut zu weinen. Um 16.30 Uhr wurde sie auf den Arm genommen und herumgetragen. Sie weinte weiter und wurde dann um 16.35 Uhr ins Kinderbett ge

legt, wo sie den Rest der Stunde hindurch weiterweinte.
Gesamtdauer des Weinens: 45 Minuten.

17.00 Uhr: Jane weinte weiter bis 17.15 Uhr, dann war sie eingeschlafen.
Gesamtdauer des Weinens: 15 Minuten.

18.00 Uhr: Jane schlief die ganze Stunde, ohne zu erwachen.
Gesamtdauer des Weinens: 0 Minuten.

19.00 Uhr: Jane erwachte und wurde gebadet. Um 19.15 Uhr begann man sie zu füttern. Um 19.45 Uhr bekam sie den Schnuller und wurde in die Wiege gelegt, wo sie offenbar glücklich war.
Gesamtdauer des Weinens: 0 Minuten.

20.00 Uhr: In ihrer Wiege saugte Jane eifrig am Schnuller bis 20.05 Uhr, als sie zu weinen begann. Sie wurde auf den Arm genommen, gehalten und hörte um 20.10 Uhr mit Weinen auf. Um 20.25 Uhr wurde Jane ins Kinderbett gelegt. Ruhig und zufrieden lag sie noch fünf Minuten lang wach, bis sie um 20.30 einschlief.
Gesamtdauer des Weinens: 5 Minuten.

21.00 Uhr: Jane schlief die ganze Stunde hindurch.
Gesamtdauer des Weinens: 0 Minuten.

22.00 Uhr: Jane schlief weiter bis 22.15 Uhr, als sie weinend erwachte. Ihre Eltern warteten offenbar erst ab, ob sie wieder einschlief, und nahmen sie dann um 22.20 Uhr auf den Arm. Sie weinte noch fünf Minuten lang, bis sie dann um 22.25 Uhr in den Armen von Vater oder Mutter eingeschlafen war. Um 22.35 Uhr legte man die noch immer schlafende Jane ins Kinderbett.
Gesamtdauer des Weinens: 10 Minuten.

23.00 Uhr: Jane schlief die ganze Stunde hindurch weiter.
Gesamtdauer des Weinens: 0 Minuten.

Zum Abschluß der Tagebuchseite haben die Eltern die Gesamtzeit des Weinens in dieser 12-Stunden-Periode zusammengerechnet: 80 Minuten.

Da Jane weiterhin schlief, enthielt das folgende, um 0 Uhr beginnende Tagebuchblatt als ersten Vermerk ein „S".

Seien Sie bitte so genau wie möglich. Halten Sie jede Veränderung fest, indem Sie die Uhrzeit notieren, zu der das neue Verhalten beginnt. Wenn das Baby zum Beispiel um 12.50 Uhr in Ihrem Arm einschläft und Sie es noch zehn Minuten halten und dann hinlegen, müßten Sie in der für diese Stunde vorgesehenen Zeile schreiben:

WAG/12.50 SH/13.00 S ...

Oder das Baby schläft zum Beispiel fest bis 22.15 Uhr und beginnt dann zu weinen. Sie nehmen das Kind gleich auf, und es hört sofort mit Weinen auf. In diesem Fall würden Sie notieren:

S/22.15 WAW/22.15 WHG/ ...

Wenn das Baby aber erst in seinem Bettchen fünf Minuten lang weint, bevor Sie es auf den Arm nehmen, und es sich daraufhin gleich beruhigt, müßten Sie schreiben:

S/22.15 WAW/22.20 WHG/ ...

Wenn das Baby um 21.00 Uhr in seinem Bettchen erwacht und zu weinen beginnt, Sie es gleich aufnehmen und zehn Minuten lang wiegen, ohne daß es sich beruhigt, Sie es dann um das Haus herumtragen und es dabei noch 15 Minuten lang weint, bis es schließlich wieder einschläft und Sie es ins Kinderbett zurücklegen, dann müßten Sie vermerken:

S/21.00 WAW(K)/21.00 WHW/21.10 WHW(T)/21.25 SH/21.25 S(K)

Der Zweck des Tagebuchs

Nun sehen Sie, warum die Tagebuchblätter für mich als Arzt unentbehrlich sind, wenn Eltern mir ihr „bauchwehkrankes" Baby bringen und ich die Lage beurteilen will. Wenn das Kind zu Hause weint, bin ich nicht dabei, und wenn ich die Eltern frage, wie lange das Baby am Tag ungefähr weint, muß ich mich ganz auf deren Einschätzung verlassen. Ich habe die Erfahrung gemacht, daß Eltern aus Sorge und Erschöpfung die Dauer des Weinens meist zu hoch veranschlagen und außerdem nur eine grobe, in Stunden ausgedrückte Schätzung geben können, während zu einer wirklich genauen Aufschlüsselung eine Angabe in Minuten notwendig ist. Statt mit unsicheren, auf die nächste volle oder halbe Stunde gerundeten Schätzwerten zu arbeiten, können Sie durch den Tagebuchcode Veränderungen auf die Minute genau festhalten und dann die Gesamtzahl der Minuten zusammenrechnen.

Die erste Aufgabe des Tagebuchs ist es also, Ihnen ganz genau mitzuteilen, wieviel Ihr Kind weint und in welchem Verhältnis dies zu dem Normwert von 30 bis 90 Minuten in 24 Stunden steht.

Die zweite Aufgabe ist es, die Veränderungen aufzuzeigen, die sich im Verlauf des Programms einstellen.

Die dritte und schwierigste Aufgabe ist es schließlich, schwarz auf weiß deutlich zu machen, was während des Weinens geschieht. Dadurch erfahren Sie, welche Reaktionen in einer bestimmten Situation wirksam sind und welche nicht.

Schritt 3: Die Auswertung des Tagebuchs

Der dritte Schritt ist die Beurteilung der Tagebuchaufzeichnungen, nachdem Sie als zweiten Schritt in diesem Programm das Verhalten des Kindes und Ihre Reaktionen darauf über einen Zeitraum von 24 Stunden hinweg festgehalten haben. An dieser Stelle nun untersuchen Sie die ausgefüllten Vordrucke. Sehen Sie sich sorgfältig an, zu welchen Zeiten Ihr Kind lang anhaltend weinte, ohne daß Sie es beruhigen konnten, und wie Sie auf das Wei-

nen reagierten. Haben Sie irgendwann einmal lange gewartet, bevor Sie sich dem Baby zuwandten? Haben Sie immer in der gleichen Weise reagiert, ohne andere Handlungsmöglichkeiten auszuprobieren? Haben Sie es aufgegeben, verschiedene Reaktionen zu versuchen? Kamen Sie vielleicht zu dem Schluß, das Problem sei ein körperliches, gegen das Sie nichts tun könnten, wie etwa Blähungen? In diesem Fall wird Ihnen das Tagebuch vermutlich zeigen, daß Sie das Baby durch stundenlanges Wiegen und Herumtragen zu trösten versuchten, anstatt sich mit den durch das Weinen mitgeteilten wirklichen Nöten zu befassen. Lesen Sie noch einmal Kapitel 4 und versuchen Sie, den Grund dafür festzustellen, warum es Ihnen nicht gelang, das Kind zu beruhigen. Weint das Baby vor allem zu den Zeiten, in denen es gefüttert wird, dann befassen Sie sich noch einmal mit dem Abschnitt über das Bedürfnis des Kindes nach Nahrung. Tritt das Weinen dann auf, wenn Sie versuchen, das Baby schlafen zu legen, dann lesen Sie noch einmal den Abschnitt über das Bedürfnis nach Schlaf.

Schritt 4: Das Entwickeln neuer Wege

Nach der Auswertung des Tagebuchs erarbeiten Sie nun anhand der Grundsätze dieses Buches neue Wege, sich Ihrem weinenden Baby zuzuwenden und auf seine Bedürfnisse einzugehen. Ich werde Sie dabei mit zwei Hilfsmitteln unterstützen. Einmal habe ich drei Flußdiagramme entworfen, die Ihnen dabei helfen, die jeweils richtige Reaktion auf das Weinen des Kindes in den verschiedenen Situationen, in denen es auftritt, zu erkennen und vorauszuplanen. Außerdem gebe ich Ihnen ein Programm, mit dem Sie auf jedes spezifische Weinen in nur sieben Minuten erfolgreich reagieren. Wenn Sie dieses Kapitel durchgelesen, die Flußdiagramme angewandt und das Programm ausgeführt haben, dann erfassen Sie das Verhalten des Babys noch einmal für 24 Stunden in den Tagebuchblättern und rechnen Sie danach zusammen, wieviel Ihr Kind jetzt noch weint. Sind es weniger als 90 Minuten, dann dürfen Sie sich gratulieren – Sie haben das Problem des „Bauchwehs" gelöst. Weint das Baby noch immer überdurchschnittlich viel, dann verlieren Sie nicht den Mut; es mag einige Tage dauern, bis ein Erfolg sich einstellt. Analysieren Sie das Tagebuch in diesem Fall genauso, wie Sie es mit dem ersten Blatt taten, versuchen Sie, Ihre Fehler zu erkennen und führen Sie dann ein drittes Mal Tagebuch. Verfahren Sie nach diesem Schema so lange, bis das Kind weniger als 90 Minuten weint. Länger als fünf Tage wird dies kaum dauern.

Wie Sie mit den Flußdiagrammen arbeiten

Die Flußdiagramme I, II und III sollen Ihnen helfen, auf das Weinen Ihres Babys schnell und geordnet zu reagieren. Jedes Diagramm steht für eine bestimmte Situation und erfaßt alle denkbaren Botschaften, die Ihr Baby Ihnen darin mitteilen mag. Denken Sie daran, möglichst rasch von einer Wahlmöglichkeit des Diagramms zur nächsten weiterzugehen und dabei möglichst klar und zielstrebig zu verfahren. Ist eine Reaktion erfolglos, dann versuchen Sie es mit der nächsten. Ich schlage Ihnen vor, sich mit den Flußdiagrammen und den Situationen, auf die sie sich beziehen, schon vertraut zu machen, bevor Sie sie wirklich anwenden müssen.

Flußdiagramm I: Das Baby weint, während es gefüttert wird

Weint Ihr Baby, während es gefüttert wird, dann mag es damit versuchen, Ihnen eines von mehreren möglichen Bedürfnissen mitzuteilen. Zum einen könnte es anzeigen, daß es nicht mehr hungrig ist. Wenn Sie stillen, dann kann es auch sein, daß das Kind zwar noch Hunger hat, jedoch keine Milch mehr kommt – das heißt, daß das Baby an einer leeren Brust saugt. Eine weitere Möglichkeit ist die, daß das Kind einen durch den gastrokolischen Reflex ausgelösten kurzen Bauchkrampf erleidet, eine normale Erscheinung, die ich an früherer Stelle beschrieben habe (Seite 57).

Der erste Schritt besteht also darin, das Füttern zu unterbrechen und das Baby zu beruhigen. Hört das Kind auf zu weinen, dann versuchen Sie, das Füttern fortzusetzen.

An dieser Stelle machen viele Eltern den Fehler, das Problem in Blähungen zu vermuten. Statt zu versuchen, das Füttern wiederaufzunehmen, bemühen sie sich darum, das Baby zum Aufstoßen zu bringen. Da Blähungen jedoch fast nie die Ursache des Weinens sind, sehen sich Eltern, die auf diese Art versuchen, das Kind zu beruhigen, ganz zwangsläufig einem Baby gegenüber, das sich in allerhöchste Erregung hineinweint.

Wenn Sie versuchen, das Füttern fortzusetzen, und das Baby bereitwillig wieder an Brust oder Fläschchen saugt, dann war das Weinen höchstwahrscheinlich ein Signal für einen kurzen Bauchkrampf.

Wenn das Baby bei Ihrem Versuch, das Füttern fortzusetzen, zu weinen beginnt, sich aber gleich beruhigt, sobald Sie das Füttern wieder unterbrechen, dann will es durch sein Weinen wahrscheinlich zu verstehen geben, daß es keinen Hunger mehr hat.

Hört das Baby sofort auf zu weinen, wenn Sie es von der Brust nehmen (gewöhnlich stellt das Baby das Saugen ein und blickt dann erwartungsvoll auf die Brust), fängt aber gleich wieder damit an, sobald Sie versuchen, es weiterzufüttern, dann ist die Botschaft wahrscheinlich die, daß aus der Brust keine Milch mehr kommt. Das Baby teilt dies meist in sehr charakteristischer Weise mit, solange seine Frustration noch nicht zu groß ist – es faßt eifrig nach der Brust, saugt zwei – oder dreimal und beginnt dann zu weinen.

Prüfen Sie in diesem Fall, ob Ihre Brust überhaupt Milch enthält. Fühlt sie sich voll an

Flußdiagramm I

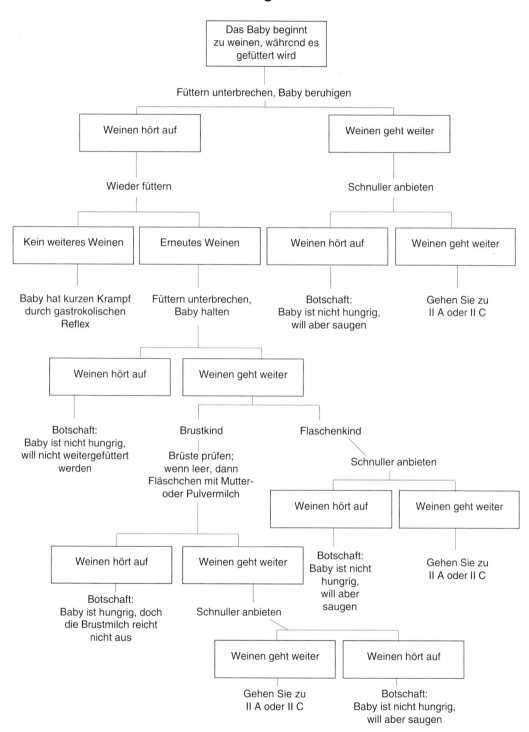

und tropft Milch heraus, muß es eine andere Erklärung für das Weinen geben, denn Milch ist offenbar ausreichend vorhanden. Gehen Sie dann weiter zu Flußdiagramm II, A oder C. Wenn sich die Brust jedoch leer anfühlt und Milch nur schwer herauszupressen ist, dann weint das Baby vermutlich, weil es noch immer Hunger hat. Versuchen Sie es mit der anderen Brust, und hört das Kind auch dann nicht auf zu weinen, geben Sie ihm das Fläschchen, mit abgepumpter Brustmilch oder Pulvermilch aus dem Handel.

Dies bedeutet natürlich, daß Sie bei der Durchführung des Programms während des Fütterns immer ein Fläschchen mit Brust- oder Pulvermilch zur Hand haben müssen, solange Sie nicht wirklich sicher sind, daß Ihre Brust ausreichend Milch produziert. Das Fläschchen sollte immer schon gebrauchsfertig vorbereitet sein, damit nicht zuviel Zeit vergeht, wenn es nötig wird, es anzubieten.

Wenn Ihr Baby weint, sobald Sie versuchen, das Stillen fortzusetzen, das Fläschchen aber bereitwillig nimmt und zu weinen aufhört, dann kam höchstwahrscheinlich nicht genug Milch aus Ihrer Brust.

Bieten Sie dem Baby den Schnuller an, wenn es während des Fütterns zu weinen beginnt und dann weder die Brust noch das Fläschchen nimmt. Das Kind ist vielleicht schon satt, möchte aber noch weitersaugen. Läßt sich das Baby, ob Brust- oder Flaschenkind, auch mit dem Schnuller nicht beruhigen, dann gehen Sie weiter zu Flußdiagramm II, A oder C.

Beachten Sie: Tritt das Weinen häufig während des Fütterns auf und geht während der Durchführung des Programms nicht zurück, dann überprüfen Sie zur Sicherheit, ob das Kind nicht an Durchfall oder Erbrechen leidet. Zeigt es eines dieser beiden Symptome, dann handelt es sich nicht um ein Bauchwehsyndrom, sondern vermutlich um eine Milchallergie oder heftige, durch den gastrokolischen Reflex ausgelöste Krämpfe. Diese Beschwerden finden sich oft bei Babys, deren Enddarm zu eng ist, ein Befund, den der Kinderarzt feststellen und behandeln kann. Konsultieren Sie den Arzt, sobald Durchfall oder Erbrechen auftritt.

Flußdiagramm II: Das Baby beginnt zu weinen, wenn es gehalten wird

Beginnt das Baby zu weinen, wenn es wach ist und gehalten wird, dann versuchen Sie, durch Beobachtungsgabe und Intuition, Ihre Erfahrungen mit dem Kind und eine rasche Rückschau auf den Tag herauszufinden, welchem Pfad des zweiten Diagramms Sie zuerst folgen:

A: Das Baby scheint müde zu sein.

B: Das Baby hat vielleicht Hunger.

C: Das Baby ist wach und wahrscheinlich nicht hungrig.

Beginnen wir mit II A – Sie vermuten, Ihr Baby ist müde. Der erste Schritt ist der, das Baby in sein Bettchen zu legen und zu schauen, ob es einschläft. Hört es auf zu weinen und schlummert ein, dann hatten Sie mit Ihrer Deutung des Weinens recht.

Weint das Baby jedoch weiter, dann nehmen Sie es nicht gleich auf den Arm; Ihre anfängliche Deutung mag dennoch stimmen. Hören Sie dem Weinen erst eine Weile zu. Wird es immer wieder unterbrochen und läßt allmählich an Intensität nach, dann lassen Sie das Kind allein; manche Babys weinen sich auf diese Art in den Schlaf.

Geht dieses periodische Weinen jedoch weiter, ohne aufzuhören, dann versuchen Sie, ob das Kind an einem anderen Platz leichter einschläft. Manche Babys liegen gern auf einer weiten, offenen Fläche wie zum Beispiel einem Kinderbett, während andere lieber in der engen Wiege schlafen.

Flußdiagramm II

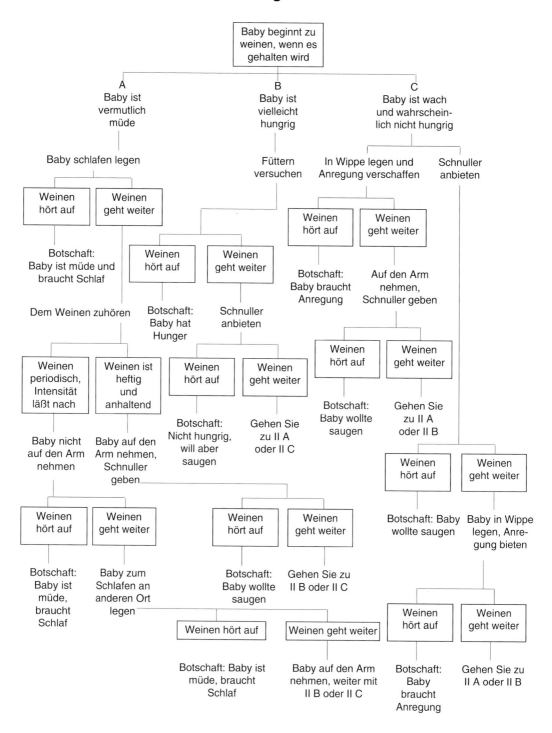

Weint das Baby immer noch, nachdem Sie es hingelegt und nicht länger als fünf Minuten gewartet haben, dann ist es nicht müde; Sie sollten zu II B übergehen, wenn Sie vermuten, das Kind ist hungrig. Folgen Sie der dortigen Anweisung und versuchen Sie, das Kind zu füttern. Läßt es sich auch damit nicht beruhigen, dann bieten Sie ihm den Schnuller an. Vielleicht hat das Baby keinen Hunger, möchte aber saugen.

Wenn Sie nicht glauben, daß das Baby Hunger hat, sollten Sie entweder versuchen, es aufzusetzen und ihm Anregung zu verschaffen, vielleicht in einer Wippe in einem belebten Zimmer, oder ihm den Schnuller anbieten; beide Reaktionen würden an dieser Stelle passen. Wenn Sie sich erst für die Anregung entscheiden und damit keinen Erfolg haben, dann geben Sie dem Baby den Schnuller. Wenn Sie zuerst ohne Erfolg den Schnuller versuchen, dann bieten Sie ihm Anregung. Haben Sie alle Möglichkeiten unter A, B und C ausgeschöpft und das Kind weint noch immer, dann gehen Sie weiter zu Flußdiagramm III.

Flußdiagramm III: Das Baby beginnt zu weinen, während es allein ist

Schläft das Baby im Kinderbett, der Wiege oder in einer Wippe und beginnt plötzlich zu weinen, dann versuchen Sie zuerst den Pfad A. Denken Sie daran, daß Babys manchmal im Schlaf, während einer Traumphase, weinen. Da ein solches Weinen keine Mitteilung ist, sollten Sie sich erst vergewissern, ob das Kind auch wirklich wach ist, bevor Sie es auf den Arm nehmen. Dies ist besonders wichtig, wenn das Baby erst seit kurzer Zeit schläft und Sie nicht damit gerechnet haben, daß es so schnell wieder erwacht.

Ist das Baby wach, dann nehmen Sie es auf den Arm. Hört es dabei auf zu weinen, dann war die Botschaft die, daß es gehalten werden wollte. Sie haben also richtig reagiert.

Wenn das Baby in Ihrem Arm einschläft und sofort, nachdem Sie es hingelegt haben, weinend wieder erwacht, dann folgen Sie Pfad B. Vergewissern Sie sich auch hier, ob das Kind wirklich wach ist, bevor Sie irgend etwas tun. Wenn das Baby nach ein oder zwei Minuten noch immer weint, dann nehmen Sie es noch einmal so lange auf den Arm, bis es wieder eingeschlafen ist. Manchmal braucht ein Baby die körperliche Nähe zu einem Erwachsenen und erwacht, sobald es merkt, daß es nicht mehr gehalten wird. Es geht also darum, das Baby so behutsam schlafen zu legen, daß es die Veränderung nicht spürt. Ist das Baby schon älter als einen Monat, dann bringen Sie es, sobald es tief schläft, in Ihrem Arm ganz sachte in eine waagerechte Position und legen es dann allmählich – und sehr, sehr behutsam – in das Kinderbett. Ist das Kind noch nicht einen Monat alt, dann stützen Sie es auf einer Seite mit einer zusammengerollten Windel oder einer Decke ab, damit es bei Erbrechen oder Aufspucken nicht erstickt.

Liegt Ihr Baby wach und zufrieden im Bettchen, in der Wiege oder in der Wippe und beginnt auf einmal zu weinen, dann folgen Sie C und nehmen das Kind auf den Arm. Wenn sich das Baby dabei beruhigt, dann war es sein Wunsch, gehalten zu werden. Weint es aber weiter, dann gehen Sie zurück zu Flußdiagramm II, Pfad B oder C.

Situation 4: Das Baby beginnt zu weinen, während es gebadet wird

Manche Babys mögen es nicht, nackt zu sein, und fangen an zu weinen, sobald sie ausgezogen werden. Sie empfinden die kühle Luft auf ihrer Haut als unangenehm. Wenn solche Babys gebadet werden, weinen sie ununterbrochen, und es ist sehr schwer, sie dann zu beruhigen. Eine Möglichkeit ist die, das Baby in einem sehr warmen Raum zu baden, vielleicht in einem Badezimmer, das durch eine laufende Dusche aufgewärmt wurde.

Flußdiagramm III

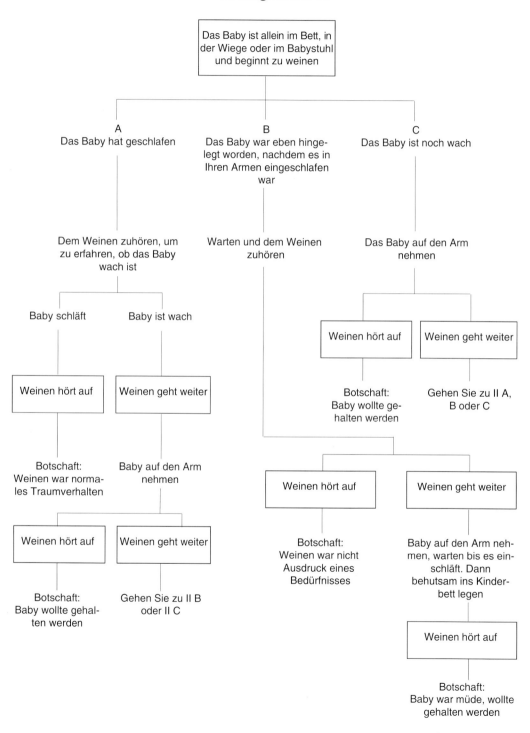

Das Badewasser darf natürlich auf keinen Fall zu heiß sein, damit das Baby nicht verbrüht wird.

Situation 5:
Das Baby weint bei einer Autofahrt

Sicherheit zuerst! Nehmen Sie das Kind nie vom Autositz, solange der Wagen noch fährt, mag es auch noch so laut weinen und brüllen. Halten Sie das Auto an, wenn das Baby sich gar nicht beruhigen läßt. Auf viele Kinder wirkt eine Autofahrt hypnotisierend, der fahrende Wagen schläfert sie sofort ein. Es gibt jedoch auch Babys, die bei jeder Fahrt im Auto weinen, da sie wahrscheinlich unter einer Art Reisekrankheit leiden. Medikamente sollten Sie dem Kind natürlich noch nicht verabreichen, solange es nicht mindestens sechs Monate alt ist.

Was kann man tun, wenn sich das Baby überhaupt nicht beruhigen läßt?

Was sollen Sie tun, wenn es Ihnen ganz einfach nicht gelingt, Ihr weinendes Baby zu beruhigen, wenn Ihr Kind sich in eine solche Erregung hineingesteigert hat, daß nichts mehr zu helfen scheint? Ich fürchte, in diesem Fall gibt es keine einfache Lösung. Sie können versuchen, das Baby abwechselnd herumzutragen und für 10 oder 15 Minuten ins Bett zu legen, in der Hoffnung, daß der Schlaf das Weinen beenden wird. Wenn Ihr Kind bei einer Fahrt im Auto gewöhnlich einschläft und Sie sich zutrauen, wach zu bleiben, dann können Sie versuchen, das Baby durch eine Autofahrt zu beruhigen. Ein Trost in dieser Situation mag der Gedanke sein, daß nach der Lektüre dieses Buches und der Ausführung des Programms ein solches untröstliches Weinen nur noch höchst selten vorkommt.

Das Programm

Das Problem, dem Sie sich gegenübersehen, ist es, herauszufinden, was genau Ihr Baby zum Weinen veranlaßt und wie Sie auf die jeweilige Botschaft des Weinens richtig reagieren. Dies ist keine leichte Aufgabe, da Sie es mit einem Kind zu tun haben, das noch nicht sprechen kann, vor allem, wenn sein Temperament – wie im Fall des „Bauchweh-Babys" – nicht so beschaffen ist, daß es leicht aufgibt. Um diese verschiedenen Signale des Babys zutreffend deuten zu können, ist es notwendig, auf das Weinen klar und systematisch zu reagieren.

Dies gelingt Ihnen jedoch nur, wenn Sie sich von der Gewißheit leiten lassen, daß Ihr weinendes Baby wirklich versucht, Ihnen etwas mitzuteilen, daß es Sie um etwas ganz Bestimmtes bittet. Bemühen Sie sich also bei jedem Weinen Ihres Babys darum, ihm genau das zu geben, was es braucht.

Das Weinen zutreffend beantworten

Machen Sie sich zu Beginn noch einmal bewußt, daß ein Baby mit seinem Weinen nur fünf verschiedene Dinge mitteilen kann, genau fünf mögliche Bedürfnisse, denen Sie nachkommen müssen, nämlich:

1. Das Bedürfnis nach Nahrung

2. Das Bedürfnis nach Schlaf

3. Das Bedürfnis, zu saugen

4. Das Bedürfnis, gehalten zu werden

5. Das Bedürfnis nach Anregung

Auf jedes dieser Bedürfnisse gibt es immer nur eine begrenzte Anzahl richtiger Antworten:

1. Auf das Bedürfnis nach Nahrung:
Füttern, sobald das Baby danach verlangt, ganz gleich, wie lange die letzte Mahlzeit zurückliegt.

2. Auf das Bedürfnis nach Schlaf:
Durch sorgfältige Beobachtung feststellen, wie das Baby am liebsten einschläft (in den Armen der Eltern, im Kinderbett, an einem engen, umschlossenen Ort wie einer Korbwiege oder einem weiten, offenen Platz mit viel Bewegungsfreiheit) und das Kind dann dort schlafen legen.

3. Auf das Bedürfnis, zu saugen:
Die leere Brust (da dies die Handlungsfreiheit der Mutter sehr einschränkt, steht dieser Weg nur wenigen offen) oder, wenn die Mutter dies nicht will, der Schnuller.

4. Auf das Bedürfnis, gehalten zu werden:
Mit dem Baby auf dem Arm ganz einfach ruhig dasitzen. Ein Baby, das gehalten werden möchte, braucht nicht gewiegt oder herumgetragen zu werden, und völlig unnötig sind Sorgen darüber, das Baby werde „verwöhnt", wenn man es zu oft auf den Arm nimmt.

5. Auf das Bedürfnis nach Anregung:
Das Baby in einem Zimmer, in dem viel geschieht, auf eine Babywippe legen und sich mit ihm unterhalten. Die meisten Babys brauchen solche Anregung nicht länger als 10 oder 15 Minuten.

Diese wenigen möglichen Reaktionen sind der Kern des Programms. Mehr brauchen Sie dem Baby nicht anzubieten, und mehr wird das Kind nicht verlangen. Jedes Weinen eines gesunden Babys läßt sich mit einer dieser wenigen Antworten beenden, solange die jeweils richtige Antwort nur schnell genug gegeben wird. Liegt zuviel Zeit zwischen dem Beginn der Mitteilung des Babys und der Reaktion darauf, dann ist das Kind durch die ungestillte Not möglicherweise so erregt, daß es für die entsprechende Zuwendung nicht mehr empfänglich ist. Wie ich gezeigt habe, sind es diese Verzögerung und die dadurch ausgelöste Aufregung, die bei einem Baby mit hartnäckigem, entschlossenem Temperament das verursacht, was ich das Bauchwehsyndrom

nenne. Ich möchte noch einmal betonen, wie außerordentlich wichtig es ist, daß Sie sich auf die besonderen Bedürfnisse Ihres Kindes einstellen, damit Sie auf das, was es Ihnen mitteilt, sofort reagieren können. Wenn Sie sich nicht von bestimmten vorgefaßten Meinungen lösen, dann wird es Ihnen nicht gelingen, den Wunsch Ihres Babys zu verstehen und darauf zu antworten, und Ihr Kind wird sich in höchste Erregung hineinweinen.

1. Lassen Sie das Baby nie länger als einige Minuten weinen.

2. Seien Sie bereit dazu, Ihr Baby zu füttern, wann immer es danach verlangt. Folgen Sie keinem festgelegten Zeitplan.

3. Nehmen Sie Ihr Baby immer gleich auf den Arm, wenn es dies braucht.

4. Lassen Sie das Baby so oft und so lange wie es will am Schnuller saugen.

5. Glauben Sie mir, daß das Baby glücklich ist, wenn Sie es einfach im Arm halten; mit Wiegen und Herumtragen machen Sie sich nur unnötig Mühe.

Das Weinen Ihres Babys durch rasches Ausprobieren verstehen – in sieben Minuten

Nun sind Sie darauf vorbereitet, auf das Weinen Ihres Babys künftig so richtig und zutreffend wie möglich zu reagieren, indem Sie in nur sieben Minuten klar, systematisch und zielstrebig entscheiden, welches Bedürfnis Ihr Baby Ihnen gerade mitteilt. Was Sie dafür tun müssen, ist einfach. Der schwierigste Schritt in diesem Programm ist es, einen neuen Blickwinkel zu finden, der es Ihnen ermöglicht, sich in Ihrer Reaktion auf die im Weinen des Kindes erkannte Botschaft zu beziehen, einen Blickwinkel, aus dem heraus das Weinen nicht mehr nur als beunruhigende, möglichst rasch zu beendende Störung erscheint.

Diese Änderung des Blickwinkels erfordert viel Konzentration, denn Sie müssen sich dabei gründlich überlegen, was Sie tun und was in Ihrem Baby gerade vorgeht, damit Sie auf das Weinen Ihres Kindes schnell und systematisch mit einer automatisch ausgeführten Folge von Handlungen reagieren können, einer Art Ratespiel, das alle Gesichtspunkte des Problems erfaßt.

Merken Sie sich die beiden Begriffe „schnell" und „systematisch". Denken Sie zuerst daran, daß jede Minute zählt und daß es, wenn Sie die verschiedenen möglichen Reaktionen ausprobieren, darauf ankommt, die zutreffende Antwort zu finden, bevor das Baby so frustiert und erregt ist, daß es nicht mehr reagieren kann, wenn sein Bedürfnis schließlich verstanden wird. Mit diesem Ansatz hier wird es Ihnen gelingen, auf das Weinen Ihres Babys innerhalb von nur sieben Minuten zu reagieren.

Man kann dieses Verfahren durchaus als Spiel beschreiben, als eine Art Scharade, bei der Sie die Bedeutung einer Botschaft erraten müssen, die ein Spieler darstellt, der nicht die Fähigkeit besitzt, sich durch Sprache zu verständigen. Sie müssen die richtige Antwort erkennen, bevor die Zeit abläuft. Obwohl diese Zeitspanne von Kind zu Kind verschieden ist, dauert es doch gewöhnlich etwa 15 Minuten, bis ein Baby vor Aufregung nicht mehr ansprechbar ist.

Bei dem systematischen Vorgehen werden Ihnen die Flußdiagramme helfen. Folgen Sie den in den Diagrammen angebotenen möglichen Reaktionen, indem Sie innerhalb von Minuten eine nach der anderen ausprobieren. Achten Sie darauf, daß Sie sich dabei nicht wiederholen und benutzen Sie Ihren gesunden Menschenverstand (versuchen Sie zum Beispiel zuerst, das Baby zu füttern, wenn das Kind schon länger nichts mehr gegessen hat, bevor Sie irgend etwas anderes probieren), doch lassen Sie sich nicht nur von Logik leiten (versuchen Sie, das Baby zu füttern, wenn nichts anderes funktioniert, selbst wenn Sie es kurz zuvor schon einmal gefüttert haben).

Sehen wir uns als Beispiel für die Änderung des Blickwinkels und das schnelle, systematische Deuten des Weinens zwei Szenarien an, die auf der an früherer Stelle erzählten hypothetischen Geschichte des kleinen Billy beruhen. Im ersten Szenarium lassen sich die Eltern von ihrer Besorgnis um das Kind und dem sehnlichen Wunsch, es zu trösten, leiten, ohne die Botschaft des Weinens zu erkennen. Im zweiten Szenarium betrachten die Eltern das Weinen Ihres Kindes als eine Mitteilung und beenden es so mit Hilfe dieses Programms in weniger als sieben Minuten.

Der falsche Weg: Lois und Tom hören ihren acht Wochen alten Sohn Billy weinen. Es ist zehn Uhr nachts. Mit einem Blick auf die Uhr stellen sie fest, daß das Kind erst eine Stunde geschlafen hat, und da sie glauben, Billy brauche mehr Schlaf, lassen sie ihn noch zehn Minuten lang weinen, in der Hoffnung, er schlafe bald wieder ein. Billy jedoch ist hungrig und will nicht schlafen, er schreit ununterbrochen weiter so laut er kann. Schließlich gehen Lois und Tom in Billys Zimmer hinüber, das Baby ist verschwitzt und rot im Gesicht und weint mit angezogenen Beinen und verspanntem Bauch. Er läßt mehrmals Blähungen abgehen, und die Eltern schließen daraus, ihr Sohn leide an Bauchkrämpfen. Lois nimmt Billy auf den Arm und trägt ihn herum und tätschelt ihm dabei den Rücken. Der Kleine ist jetzt nicht nur hungrig, sondern auch ziemlich ärgerlich. Er weint noch zehn Minuten lang weiter, während Lois und Tom ihn abwechselnd halten und tragen. Je weniger die Eltern verstehen, was geschieht, desto größer wird ihre Besorgnis, und schließlich schaukeln sie das Kind und versuchen, ihm etwas vorzusingen. Doch der hungrige, verärgerte und enttäuschte Billy schreit untröstlich weiter.

Nachdem Billy schließlich eine halbe Stunde lang ununterbrochen geweint hat, versucht Lois, ihm die Brust zu geben. Zu diesem Zeitpunkt jedoch ist der Junge schon zu erregt, um mit Weinen aufhören zu können und sich stillen zu lassen. Lois erkennt dies nicht, sie sieht nur, daß das Baby die Brust ablehnt, und gibt auf. Sie beginnt von neuem, Billy um das Haus herumzutragen. Dabei hört das Kind schließlich auf zu weinen, fängt jedoch gleich wieder damit an, sobald seine Mutter stehenbleibt. Nach einer weiteren Stunde legen Tom und Lois den Jungen in sein Bett zurück. Das erschöpfte Baby weint noch zehn Minuten und fällt dann in den Schlaf.

Der richtige Weg: Hätten Tom und Lois mein Programm zur Hand, dann würden Sie auf das Weinen folgendermaßen reagieren: sie hören Ihr Baby weinen. Es ist zehn Uhr nachts. Mit einem Blick auf die Uhr stellen sie fest, daß das Kind erst eine Stunde geschlafen hat. Da sie hoffen, daß Billy nicht wirklich wach ist, sondern im Schlaf weint, folgen sie dem Flußdiagramm III, Pfad A. Billy weint heftig, ununterbrochen und laut, und Tom nimmt ihn darum auf den Arm, setzt sich mit ihm auf einen Stuhl und drückt ihn an sich. Billy weint jedoch eine Minute später noch immer. Tom hält es für unwahrscheinlich, daß Billy Hunger hat, da er vor dem Schlafengehen noch einmal gefüttert worden war, und versucht es daher mit dem Pfad II C. Er beschließt, dem Jungen erst einen Schnuller anzubieten. Billy nimmt ihn und saugt etwa 30 Sekunden lang daran, läßt ihn dann fallen und beginnt von neuem zu weinen, diesmal noch lauter als zuvor. Lois setzt das Baby nun in eine Wippe und versucht, mit ihm zu sprechen, doch auch dadurch läßt sich der Kleine nicht beruhigen. Zwei Minuten später geht Lois zu Pfad II B über und legt Billy an ihre Brust. Das Baby hört mit Weinen auf, läßt sich 15 Minuten lang stillen und schläft dann wieder ein.

Analyse: Im ersten Szenarium beachteten Lois und Tom das Weinen anfänglich nicht,

doch als es nicht nachließ, vermuteten sie nach einem Blick auf das Kind, der Kleine habe Schmerzen. Mit dieser Diagnose gaben sie es schließlich einfach auf, darüber nachzudenken, warum Billy weinte (und erwogen sicher nicht mehr die Möglichkeit, das Baby könne ihnen damit ein bestimmtes Bedürfnis mitteilen). Das Ergebnis war, daß sie eine Stunde und 40 Minuten brauchten, bis das Kind sich wieder beruhigt hatte.

Im zweiten Szenarium sahen die Eltern im Weinen ihres Babys den Versuch, etwas mitzuteilen, und erkannten mit Hilfe des Programms in nur fünfeinhalb Minuten, was der Junge brauchte. Länger dauerte es nicht, bis sie die richtige Antwort gefunden und damit Billys Weinen beendet hatten.

Bauchweh „lebe wohl"

Ich habe in diesem Buch immer wieder darauf hingewiesen, daß Babys sich voneinander unterscheiden, was es unmöglich macht, ihre genauen Reaktionen vorherzusagen. Dennoch wird es Ihnen gelingen, die Bedürfnisse Ihres Babys zu erfüllen und sein Weinen in höchstens sieben Minuten zu beenden, wenn Sie dieses Programm anwenden, den verschiedenen Pfaden der Flußdiagramme folgen und dabei ruhig, schnell und systematisch die dort vorgeschlagenen möglichen Reaktionen ausprobieren. Wenn Ihr Baby unter „Bauchweh" leidet, dann wird es schon nach wenigen Tagen – allerhöchstens einer Woche – nur noch die normalen 30 bis 90 Minuten in 24 Stunden weinen.

Dieses Programm wird Ihnen aber auch dann zugute kommen, wenn das Weinen Ihres Babys im Normalbereich liegt, denn die Flußdiagramme helfen Ihnen dabei, auf sein Weinen eindeutig und zielsicher und mit einem Minimum an Verwirrung und zeitlicher Verzögerung zu reagieren.

Wenn Sie schließlich dieses Buch lesen, während Sie auf die Ankunft Ihres Babys warten, dann wird sich die spätere Beziehung

zu Ihrem Kind auf das sichere Wissen gründen, daß das Weinen eines Babys eine Aussage enthält, und daß die richtige Deutung dieses Weinens und die entsprechende Reaktion darauf in dem Kind ein Gefühl von Geborgenheit fördert, das anders kaum wachsen kann, eine Tatsache, die bis heute in der medizinischen Fachwelt wie auch in der allgemeinen Öffentlichkeit viel zu wenig Beachtung findet.

Dieses allgemeine Gefühl von Geborgenheit entwickelt sich bis zum achten Lebensmonat des Kindes zu einer starken Bindung an seine wichtigste Bezugsperson, gewöhnlich die Mutter, doch ebensogut auch der Vater oder jede andere Person, die sich um das Baby kümmert. Diese Bindung, in meinem Buch „Eltern-Kind-Beziehung" genannt, ist für die gesunde psychische Entwicklung und soziale Anpassung des Kindes unentbehrlich. Wo diese Bindung schwach oder gestört ist, da sind Probleme unausweichlich. Durch Anwendung des vorliegenden Programms unternehmen Sie die nötigen Schritte zur Stärkung und Festigung dieser grundlegenden Beziehung zwischen Ihnen und Ihrem Kind. Untersuchungen haben gezeigt, daß nichts diese Bindung so sehr stärkt und festigt wie die Fähigkeit der Eltern, auf das Weinen Ihres Kindes richtig zu reagieren. Im folgenden Kapitel werden wir diese Eltern-Kind-Beziehung und ihre Bedeutung noch ausführlicher betrachten.

Alex: Weinen und das Bedürfnis nach Nahrung

Als ich Alex zum ersten Mal in meiner Praxis sah, war er acht Wochen alt. Seine Eltern berichteten, er weine pro Tag etwa vier bis fünf Stunden, und zwar immer abends von sechs bis zehn Uhr. Beide Eltern waren erschöpft, sie fühlten sich am Ende ihrer Kräfte.

Bei seiner Geburt hatte Alex 3000 Gramm gewogen. Die Entbindung und die Zeit in der Säuglingsstation waren normal verlaufen. Er hatte weder Erbrechen noch Durchfall; er hatte ein- bis zweimal täglich Stuhlgang weicher Konsistenz, und seine Gewichtszunahme war zufriedenstellend. Meine Untersuchung ergab, daß es ein gesunder, normaler kleiner Junge war. Ich erkundigte mich danach, wie und womit er gefüttert wurde, und erhielt zur Antwort, er bekomme ein Sojapräparat und werde gefüttert, wann immer er Hunger habe. Herr und Frau Brecker waren davon überzeugt, Alex leide unter Bauchschmerzen. Der vorherige Kinderarzt war der gleichen Meinung gewesen und hatte immer wieder die Babynahrung ändern lassen, ohne daß das Weinen nachgelassen hätte. Die Eltern hatten schließlich beschlossen, die Meinung eines zweiten Arztes einzuholen und waren so in meine Sprechstunde gekommen.

Ich ließ Herrn und Frau Brecker über 72 Stunden hinweg Tagebuch führen. Ihre Aufzeichnungen ergaben, daß Alex am Tag drei Stunden und sechs Minuten weinte, erheblich weniger, als die Eltern berichtet hatten. Dies überraschte mich nicht, denn ich hatte es schon oft erlebt, daß Eltern die Dauer des täglichen Weinens ihres Babys etwa eineinhalb Mal höher einschätzten als die tatsächliche, vom Tagebuch in Minuten festgehaltene Zeit. Dennoch lag das Weinen des Jungen noch weit über dem Durchschnittswert von 30 bis 90 Minuten pro Tag. Wie die Eltern erzählten, begann Alex gewöhnlich gegen sechs Uhr abends zu weinen, etwa zwei bis zweieinhalb Stunden, nachdem er gefüttert worden war. Zu anderen Tageszeiten weinte Alex nicht übermäßig, er wollte dann alle dreieinhalb bis vier Stunden gefüttert werden.

Das Tagebuch ergab, daß Frau Brecker, wenn Alex zu weinen begann, ihm entweder den Schnuller gab, ihn ins Kinderbett legte oder ihn spazierentrug. Das Fläschchen bot sie ihm immer erst an, wenn er schon mindestens 45 Minuten geweint hatte, und dies war dann ganz offensichtlich erfolglos. Ich fragte die Eltern, warum sie nicht früher versuchten, Alex zu füttern, wenn er so hartnäckig weinte.

„Er bekommt doch immer erst drei bis dreieinhalb Stunden nach dem Füttern wieder Hunger", meinten die Eltern dazu. Es war ihnen nie in den Sinn gekommen, das Baby könne hungrig sein, wenn es um sechs Uhr abends zu weinen begann. Als ich ihnen dies nahelegte, sagte Frau Brecker, sie habe Angst, Alex zu oft zu füttern. Zwar füttere sie ihn, sobald er hungrig sei, versuche aber gleichwohl, allzu häufiges Füttern zu vermeiden. „Ich möchte ihn nicht überfüttern", meinte sie besorgt.

Ich versicherte den Eltern, das Problem ihres Babys sei ein Bauchwehsyndrom – die Symptome waren eindeutig –, und fragte sie, ob sie nicht einen anderen Weg versuchen wollten, und nachdem sie erklärt hatten, sie seien inzwischen bereit, alles zu probieren, schlug ich ihnen vor, Alex sofort das Fläschchen anzubieten, wenn er abends um sechs zu weinen begann, selbst wenn er erst zweieinhalb oder zwei Stunden zuvor gefüttert worden war. Dies taten sie, und die beiden nächsten Tagebuchseiten zeigten dann auch, daß Alex pro Tag statt drei Stunden und sechs Minuten nur noch etwa eine Stunde und fünfzehn Minuten weinte. Das Tagebuch ergab weiter, daß Alex nachts alle vier bis fünf Stunden Hunger bekam und tagsüber alle dreieinhalb bis vier Stunden, außer am Abend, wenn er schon zwei Stunden nach dem letzten Füttern wieder etwas trinken wollte.

Diese Fallgeschichte verdeutlicht einige wichtige Punkte. Zum einen sollten Eltern immer auch Hunger als mögliche Ursache für das Weinen bedenken. Es ist sicherlich vernünftig, zuerst einen Schnuller zu versuchen oder das Baby auf den Arm zu nehmen, bevor man ihm das Fläschchen anbietet. Läßt sich das Kind jedoch durch solche Manöver nicht beruhigen, sollte man als nächstes versuchen, es zu füttern, ohne Rücksicht darauf, wieviel Zeit seit dem letzten Füttern vergangen ist.

Die Geschichte von Alex zeigt außerdem, daß Eltern sich bemühen sollten, schnell zu reagieren. Die Breckers hatten zu lange gewartet – vom Beginn des Weinens an volle 45 Minuten –, und dann war das Baby schon viel zu erregt gewesen, um das Fläschchen anzunehmen, was die Eltern in ihrer Vermutung bestätigte, Alex sei nicht hungrig. Dadurch wurde es immer schwieriger für sie, das Weinen als Signal für Hunger zu erkennen.

Und schließlich ist die Geschichte ein schönes Beispiel für ein häufiges Muster: die schlimmsten Weinanfälle treten abends auf. Dies liegt unter anderem daran, daß die zweite Tageshälfte oft die längste Wachphase des Babys ist und das Kind darum mehr Energie verbraucht als sonst. Genau dies war bei Alex der Fall, er war lange wach und wurde darum schneller hungrig. Erst als die Eltern mit Hilfe des Programms gelernt hatten, sich auf das Baby besser einzustellen, begannen sie wirklich, es auf Verlangen zu füttern und sein Weinen damit zu verringern.

Casey: Weinen und das Bedürfnis nach Nahrung

Herr und Frau O'Neal brachten ihren Sohn Casey in meine Sprechstunde, als dieser sieben Wochen alt war. Das Ehepaar hatte noch eine dreijährige Tochter, Alice. Die beiden berichteten, Casey leide oft unter starken Bauchschmerzen, wenn er gefüttert werde. Sie vermuteten Blähungen, und der Kinderarzt war offenbar der gleichen Meinung. Er hatte vorgeschlagen, das Kind häufig aufstoßen zu lassen, und Frau O'Neal immer wieder neue Stillmethoden empfohlen, alles ohne Erfolg. Frau O'Neal befürchtete, in ihrer Ernährung sei etwas, das dem Magen ihres Babys nicht bekomme. Ihre Freunde und der Kinderarzt hatten von Lebensmitteln gesprochen, die beim Baby angeblich Blähungen auslösten, und Frau O'Neal hatte Milch, Gewürze, Koffein und Blattgemüse aus ihrer Ernährung gestrichen, als ich sie das erste Mal traf. All dies hatte jedoch nicht geholfen. Wie seine Mutter berichtete, bekam Casey am Tag mindestens einmal, meist jedoch zweimal, heftige Magenkrämpfe, während er gefüttert wurde. Diese setzten fast unmittelbar nach Beginn des Stillens ein, das Baby zog dabei die Beine an, verhärtete den Bauch und weinte eindringlich, die Schmerzen schienen beim weiteren Füttern immer noch schlimmer zu werden.

Meist gelang es Frau O'Neal, Casey während dieser unruhigen Mahlzeiten mit nur einer Brust zu stillen. Das Kind schien zu große Schmerzen zu haben, um noch die zweite Brust nehmen zu können, und sein Weinen klang oft erst eine Stunde nach dem Stillen wieder ab.

Meine Untersuchung ergab, daß Casey ein ganz normales Baby war: sein Bauch war nicht verkrampft, die Rektaluntersuchung ergab keinen Befund und sein Gewicht war so, wie es sein sollte. Die Eltern hatten weder Erbrechen noch Durchfall beobachtet, und sie waren damit einverstanden, das Tagebuch zu führen. Daraus wurde ersichtlich, daß Casey am Tag im Schnitt zweidreiviertel Stunden weinte. Etwa dreieinhalb Stunden nach dem letzten Stillen saß er meist zufrieden in einer Babyschaukel; seine Mutter nahm ihn dann an die

Brust und begann zu stillen, woraufhin er zu weinen anfing. Während ich mit Frau O'Neal das Tagebuch durchging, fragte ich sie, mit welchem Signal Casey ihr zu verstehen gab, daß er hungrig sei und gefüttert werden wolle. „Er macht nichts Besonderes", antwortete sie. „Ich weiß einfach, wann es Zeit dafür ist. Alice habe ich genauso gestillt, ich habe nie gewartet, bis sie weinte, ich wußte genau, daß ich sie nach dreieinhalb Stunden füttern konnte. Das hat immer bestens geklappt; Alice hat fast nie geweint."

Ich Fragte Frau O'Neal, ob es nicht sein könne, daß Casey dann, wenn sie versuche, ihn zu füttern, überhaupt nicht hungrig sei, und ob sein Weinen nicht vielleicht bedeute, daß er einfach nicht gefüttert werden wolle. Die Eltern waren skeptisch, willigten jedoch ein, Casey erst zu füttern, wenn er unruhig wurde oder weinte. Casey verbrachte daraufhin oft viereinviertel bis viereinhalb Stunden, ohne durch Unruhe oder Weinen mitzuteilen, daß er Hunger hatte, und während des Stillens weinte er von da an überhaupt nicht mehr. Schon nach wenigen Tagen vermerkten die Tagebuchblätter als Dauer des Weinens nicht einmal 60 Minuten in 24 Stunden.

Diese Geschichte macht deutlich, worauf es beim Füttern auf Verlangen ankommt. Der Begriff meint genau das, was er sagt: Man soll das Baby dann füttern, wenn es danach verlangt, gefüttert zu werden. Man kann dadurch, daß man versucht, ein Baby zu füttern, das nicht hungrig ist, genausoviel Weinen auslösen wie mit dem Versuch, ein Baby nicht zu füttern, das Hunger hat.

Beachten Sie auch, daß die Eltern mich aufsuchten, weil sie glaubten, ihr Baby habe Schmerzen. Warum? Weil es so aussah, als habe es Schmerzen. Die Art des Weinens, der Gesichtsausdruck, die Bewegungen, all dies ließ die Eltern vermuten, ihr Baby leide unter schmerzhaften Bauchkrämpfen. Tatsächlich aber sehen alle weinenden Babys

so aus. Es ist schon etwas mehr Detektivarbeit nötig, bis man mit Sicherheit sagen kann, das Weinen werde durch Schmerzen verursacht.

Die Geschichte veranschaulicht eindrucksvoll zwei weitere Punkte, die beim Bauchwehsyndrom sehr entscheidend sind. Durch gutgemeinte, aber falsche Ratschläge von außen wurde es für die O'Neals noch schwieriger, Caseys Mitteilungen zu verstehen. Sowohl die Freunde als auch der Arzt waren einhellig der Meinung, bei Caseys Problem handele es sich wahrscheinlich um Schmerzen, von Blähungen verursacht, und das Ergebnis war eine anstrengende Kombination vieler verschiedener Maßnahmen, wie etwa das Baby aufstoßen zu lassen, neue Stilltechniken zu versuchen oder die Ernährung der Mutter zu ändern. Am Ende verschlimmerten diese umständlichen Manöver die Dinge nur noch mehr, indem sie die wahre Aussage in Caseys Weinen – „Ich bin nicht hungrig. Zwingt mich nicht!" – völlig verdunkelten.

Auch die Erwartungen der Eltern machten die Situation verworren. Aus der Erfahrung mit Alice schloß Frau O'Ncal, auch Casey sei zufrieden, wenn er alle dreieinhalb Stunden die Brust bekomme. Durch ihre früheren Erfahrungen war sie auf ein Baby mit völlig anderen Wünschen nicht vorbereitet. Manche Babys, die die Brust bekommen, wenn sie nicht hungrig sind, sträuben sich anfänglich etwas, lassen sich dann jedoch ganz ruhig stillen. Casey aber war ein temperamentvolles Baby von hartnäckigem Naturell. Wenn seine Mutter versuchte, ihn zu stillen, weinte er ununterbrochen, bis er schließlich zwangsläufig so erregt war, daß er sich nicht mehr beruhigen konnte.

Evan: Weinen und das Bedürfnis nach Schlaf

Herr und Frau Rinehart kamen mit ihrem fünf Wochen alten Baby Evan in meine

Sprechstunde, da das Kind nie schlief und immer müde zu sein schien. Das gleiche galt auch für die Eltern, sie schliefen nicht mehr und waren immer müde. Sie berichteten mir, Evan weine jedes Mal, wenn sie ihn in sein Bettchen legen wollten. Sie versuchten dann, ihn herumzutragen, ihm etwas vorzusingen, ihn im Kinderwagen herumzufahren – nichts funktionierte. Ein Freund hatte vorgeschlagen, das Kind mit dem Auto auszufahren, doch auch dies half nicht. Evan weinte zwar nicht, solange das Auto fuhr, brach jedoch gleich wieder in Tränen aus, sobald der Wagen hielt. Für diese vorübergehende Beruhigung lohnte sich die Mühe, das Haus zu verlassen und herumzufahren, ganz einfach nicht.

Im Gegensatz zu anderen Eltern in der gleichen Situation ließen die Rineharts ihr weinendes Baby nie im Kinderbett liegen, da sie es für falsch hielten, ein hilfloses Baby stundenlang weinen zu lassen – eine Meinung, die ich teilte.

Nachdem meine Untersuchung ergeben hatte, daß Evan gesund war, bat ich die Eltern, 72 Stunden lang Tagebuch zu führen. Die Aufzeichnungen ließen ein ganz eindeutiges Muster erkennen. Evan erwachte aus dem Schlaf und war gut gelaunt, ließ sich artig füttern und blieb die nächste Stunde über wach und zufrieden, im Arm der Mutter, in einer Babyschaukel oder in einer Wippe. Danach wurde er nervös und unruhig, lehnte Schnuller oder Fläschchen ab und begann zu weinen, sobald er in sein Bett gelegt wurde. Er wurde dann sofort von Mutter oder Vater auf den Arm genommen und herumgetragen, doch er weinte weiter und geriet dadurch in immer größere Erregung.

Viele Babys weinen einige Minuten, wenn sie am Einschlafen sind. Wenn Eltern dann ihr Baby trösten wollen und es auf den Arm nehmen, hindern sie es daran, einzuschlafen. Die Tagebuchaufzeichnungen, die die Rineharts über Evan geführt hatten, lie-

ßen mich vermuten, dies könne hier der Fall sein. Ich bat die Rineharts, Evan in sein Bett zu legen, wenn er müde zu sein schien, und ihn einige Minuten liegenzulassen und nicht auf den Arm zu nehmen, wenn er zu weinen begann. „Hören Sie dem Weinen aufmerksam zu", schärfte ich ihnen ein, „um zu erkennen, ob es in den nächsten zehn Minuten an Heftigkeit und Lautstärke allmählich abnimmt. Hält das Weinen unvermindert an oder wird in diesen zehn Minuten vielleicht sogar noch lauter und heftiger, anstatt nachzulassen, dann sollten Sie Evan auf jeden Fall herausnehmen und versuchen, ihn zu beruhigen."

In den Tagen danach befolgten die Rineharts meine Empfehlung gewissenhaft. Dabei stellte sich heraus, daß Evan wenige Minuten, nachdem er ins Bett gelegt worden war, einschlief. Bald gehörte das untröstliche Weinen des Jungen der Vergangenheit an.

Wendy: Weinen und das Bedürfnis nach Saugen und Körperkontakt

Herr und Frau Gordon suchten mich mit ihrer neun Wochen alten Tochter Wendy auf, die scheinbar fast die ganze Zeit an der Brust saugen wollte. Sie weinte, wann immer sie nicht an der Brust war.

Frau Gordon hatte nach besseren Möglichkeiten gesucht, das Kind zufriedenzustellen, doch Wendy hatte Fläschchen und Schnuller als Ergänzung zur Brust abgelehnt. Der vorherige Kinderarzt hatte diagnostiziert, Wendy sei ein Baby mit Bauchweh und ihr Zustand werde sich im Laufe der Zeit bessern. Er empfahl, Geduld zu haben, und riet Frau Gordon, Wendy hinzulegen und weinen zu lassen, wenn sie von dem ständigen Wunsch des Kindes, zu saugen, überfordert sei.

Das Verhaltenstagebuch, das die Eltern über Wendy führten, ergab, daß die Phasen langen Weinens gewöhnlich dann begannen, wenn Frau Gordon Wendy von der

Brust nahm und sie in die Wiege oder ins Bett legte. Das Baby begann dabei zu weinen, und nachdem es 20 bis 25 Minuten am Stück geweint hatte, nahm Frau Gordon Wendy auf den Arm und versuchte sie damit zu trösten, daß sie sie wieder an die Brust legte oder herumtrug. Diese Bemühungen waren in der Regel erfolglos. Wendy weinte oft noch eine Stunde weiter, bis sie schließlich einschlief.

Ich bat Frau Gordon, sie solle versuchen, Wendy nie länger als fünf Minuten weinen zu lassen, selbst wenn sie sie dafür ständig an die Brust legen müsse. Sie solle in den nächsten Tagen Wendy so oft und so lange an der Brust lassen, wie es nötig sei, damit das Mädchen ruhig blieb.

Frau Gordon folgte meinem Rat, und Wendys Weinen ging tatsächlich zurück, doch die Situation war jetzt nicht minder unerträglich für die Mutter, denn Wendy war noch immer fast ununterbrochen an ihrer Brust. Dennoch war nun völlig klar, was die Kleine mit ihrem Weinen mitteilen wollte: sie wollte ganz eindeutig an der Brust der Mutter bleiben, denn auf diese Art konnte sie viele Bedürfnisse befriedigen. Wenn sie Hunger hatte, erhielt sie Kalorien durch die Muttermilch. Wenn sie nicht hungrig war, aber saugen wollte, dann diente ihr die Brust als Schnuller, und wenn sie gehalten und getröstet werden wollte, fühlte sie sich in den Armen ihrer Mutter warm und geborgen.

Nachdem diese Botschaft verstanden worden war, konnte man darangehen, die Situation der Mutter zu verbessern. Ich riet Frau Gordon, ständig einen Schnuller bei sich zu haben und ihn Wendy immer wieder anzubieten, in der Hoffnung, das Baby werde ihn irgendwann nehmen. Auch solle Herr Gordon das Mädchen so oft wie möglich halten, während Frau Gordon solange den Raum verließ. Einmal am Tag solle Herr Gordon dem Baby ein Fläschchen mit abgepumpter Muttermilch anbieten.

Ganz allmählich entspannte sich die Situation. Wendy begann den Schnuller während des Tages zu akzeptieren, und sie nahm auch bald das Fläschchen mit Muttermilch von ihrem Vater an. Im Verlauf dieses Lernprozesses der Eltern gab es natürlich immer noch Phasen, in denen Wendy untröstlich weinte. Die Eltern verstanden dann zwar, was Wendy gerade brauchte, waren jedoch einer Meinung mit mir, daß es einfach nicht möglich war, richtig darauf zu reagieren. Während des Tages gab es immer wieder Zeiten, in denen sich Frau Gordon auch um ihre übrigen Kinder kümmern mußte und Wendy darum einfach nicht an der Brust behalten konnte. Ich glaube nicht, daß Wendy dies langfristig irgendwie geschadet hat. Solange die Eltern ihr Kind liebten, sein Weinen verstanden und alles versuchten, seine Bedürfnisse zu erfüllen, war keine Schädigung des Kindes zu befürchten. Ich wies Frau Gordon auch nachdrücklich darauf hin und versicherte ihr, daß sie Wendys Mitteilungen richtig deutete und darum keinen Anlaß hatte, sich schuldig zu fühlen, wenn Wendys Nöte manchmal mit denen der anderen Kinder kollidierten. Eltern müssen beim Aufziehen ihrer Kinder immer Kompromisse eingehen; bei Wendy begannen diese Kompromisse für die Gordons schon sehr früh.

Trevor: Weinen und das Bedürfnis nach Anregung

Im Alter von zehn Wochen schien Trevor weniger zu schlafen als die meisten Babys, und Herr und Frau Anderson waren darüber genauso beunruhigt, wie sie sich bei ihrem Baby über jede andere Abweichung von der Norm Sorgen gemacht hätten. Trevor war ihr erstes Kind, und sie wollten sich an die Regeln halten, doch Trevor spielte nicht mit. Sie kamen in meine Sprechstunde, da Trevor fast den ganzen Tag weinte. Er war ein großes Baby mit entsprechendem Appetit, und er hatte bald begonnen, die Nacht durchzuschlafen, vom letzten Füttern um elf bis früh um sechs, ohne einmal zu erwachen. Trevor war nachts geradezu ein Musterbaby, doch tagsüber war er der Alptraum seiner Eltern. Er ließ sich bereitwillig füttern und lag danach oft eine Stunde lang friedlich im Arm der Mutter, doch sobald Frau Anderson versuchte, ihn ins Kinderbett zu legen, weinte er sich in allerhöchste Erregung hinein.

Ich studierte die Tagebuchaufzeichnungen der Andersons und befragte die beiden eingehend, denn es war offensichtlich, daß sie erwarteten, daß Trevor nach jeder Mahlzeit ausgiebig schlief. Schließlich machten alle Babys nach dem Essen ein Schläfchen, oder etwa nicht? Die Vorstellung, Trevor könne wieder alles ausspucken, war ihnen zuwider, und sie glaubten, für die Verdauung sei Schlaf unerläßlich, wobei sie den Mittagsschlaf gleich nach dem Essen für besonders wichtig hielten.

Ich warf die Frage auf, ob es nicht sein könne, daß Trevor ganz einfach kein Tagschläfer war, was für die Eltern, die vielleicht Erholungspausen brauchten, ungeschickt sein mochte, sich jedoch nicht ändern ließ. Ich schlug Frau Anderson vor, das Baby nach dem Füttern nicht mehr schlafen zu legen, wenn sie andere Dinge zu erledigen hatte, sondern Trevor in seine Wippe an einen Platz zu setzen, von dem aus er ihr bei der Arbeit zusehen konnte. Erst wenn Trevor durch Nervosität mitteile, daß er genügend Anregung bekommen habe, solle sie ihn zu Bett bringen.

Trevor brauchte in der Tat sehr wenig Schlaf. Tagsüber war er meist hellwach, und wenn um ihn herum so viel geschah, daß er sich nicht allein fühlte, saß er glücklich in seiner Wippe und sah zu. Die Andersons lernten jedoch bald, daß Trevor in einem belebten Raum nach einer halben Stunde genug hatte (für ein Baby seines Alters immer noch eine lange Zeit) und daß sie sich dann beeilen mußten, zu verstehen, was er brauchte. Meist schlief Trevor an diesem Ort, ohne viel zu weinen einfach ein, erwachte jedoch kurz darauf wieder und wollte gefüttert werden.

6
Die Eltern-Kind-Beziehung im ersten Lebensjahr

„Wenn es nur einen Schlüssel gäbe, eine Lösung für dieses Rätsel!" Sätze wie diesen höre ich in meiner Sprechstunde oft von Eltern kleiner Babys, und ich glaube, es geht dabei im wesentlichen um die Frage: „Wie soll ich mein Kind nun wirklich aufziehen? Wie soll ich mit dem Baby in seinem ersten Lebensjahr umgehen?" Die speziellen Fragen und Probleme, die Eltern beschäftigen, sind zahlreich: soll ich mein Kind nach Zeitplan füttern, damit unser Leben ruhig und geregelt bleibt – so, wie es meine Mutter bei mir tat –, oder soll ich es füttern, wenn es danach verlangt? Wie kann ich sicher sein, daß ich mein Baby nicht verziehe, wenn ich bei jedem Weinen gleich reagiere? Muß ich mich wirklich davor in acht nehmen, von meinem kleinen Baby manipuliert zu werden, wie mein Vater mich gewarnt hat? Kann ich meinem neun Monate alten Baby beibringen, die wertvolle chinesische Porzellanschale aus dem 18. Jahrhundert nicht anzufassen, oder soll ich diese lieber woanders hinstellen?

Ein neugeborenes Baby kennenzulernen und sich auf seine Anwesenheit einzustellen, kann eine rätselhafte, anstrengende und oft entmutigende Erfahrung sein. Wie läßt sich die seltsame innere Welt eines Babys ergründen, in der so viele Bedürfnisse lautstark nach Befriedigung verlangen und alle Sinneseindrücke, die das Neugeborene aufnimmt, noch unbekannt und völlig ungeordnet sind?

Wie können wir sicher sein, daß wir der Beziehung zu unseren Kindern eine wirklich stabile Grundlage geschaffen haben? Ich glaube dennoch, daß es diesen Schlüssel gibt,

daß sich die ideale Haltung der Eltern im ersten Lebensjahr ihres Kindes mit einem Ausdruck beschreiben läßt: die Bereitschaft, auf das Kind einzugehen. Wenn Sie Ihre Bemühungen darauf konzentrieren, auf die im Weinen Ihres Babys enthaltenen Botschaften zu reagieren, dann liegen alle Voraussetzungen dafür vor, daß Ihr Baby körperlich gesund bleibt und sich seelisch und geistig bestens entwickelt. In den vergangenen 20 Jahren hat die Wissenschaft viele neue Erkenntnisse gewonnen über die Eltern-Kind-Beziehung im ersten Lebensjahr.

Die Mutter-Kind-Bindung

Eine 1976 veröffentlichte wissenschaftliche Theorie wurde in der Öffentlichkeit ausführlich diskutiert, bis sie schließlich allgemein bekannt war. Sie hatte weitreichende Folgen in der medizinischen Fachwelt und veränderte die Art und Weise, wie in Arztpraxen und Krankenhäusern mit Geburt und den ersten Lebensmonaten eines Babys umgegangen wurde, grundlegend. Schließlich stellte sich jedoch heraus, daß die Schlußfolgerungen aus diesen Forschungsarbeiten falsch waren.

„Mutter-Kind-Bindung" heißt die in dem gleichnamigen Buch von Dr. Klaus und Dr. Kennell beschriebene Theorie. Die Autoren nehmen darin an, daß für die Beziehung zwischen Mutter und Kind die ersten Stunden nach der Geburt besonders entscheidend – ja sogar am entscheidendsten überhaupt – sind. Sie stützen ihre Schlußfolgerungen auf Beob-

achtungen an Menschen wie an Tieren und behaupten, nie sei die Mutter für die psychischen und körperlichen Signale ihres neugeborenen Babys so empfänglich wie zu diesem Zeitpunkt. Diese Signale des Säuglings, seine Gestik, seine Mimik, seine ganze Körpersprache, veranlaßten die Mutter dazu, das Kind zu berühren, zu streicheln und an sich zu drücken, und aus dieser wechselseitigen Kommunikation, den Signalen des Babys und den Reaktionen der Mutter, wachse dann das, was die beiden Wissenschaftler die Bindung zwischen dem Baby und seiner Mutter nennen. Sie behaupten weiter, diese Bindung sei die Grundlage für die künftige geistig-seelische Entwicklung des Babys und seine Beziehungen zu anderen Menschen.

Die beiden Autoren kommen zu dem Schluß, daß eine Mutter sich an ihr Kind und das Kind sich an sie binde, wenn sie unmittelbar nach der Geburt damit beginne, das Baby zu halten und zu stillen. Umgekehrt jedoch entwickle sich diese entscheidende Bindung nicht oder nur sehr unvollständig, wenn die Mutter das Baby nach der Geburt nicht sofort zu sich nehme und stille. Der Theorie zufolge bedeutet eine auf diese Art geschwächte Mutter-Kind-Bindung, daß sich die spätere Beziehung zwischen Mutter und Kind nur unvollkommen entwickeln kann.

Doch was ist mit den Müttern und Babys, die man bei der Geburt, aus medizinischen Gründen vielleicht, trennen muß? Ja, meinen die Vertreter dieser Theorie, die Beziehung ist in diesem Fall gefährdet.

Diese Theorie hat auch ihre guten Seiten. Im Jahre 1976 wurde in der Öffentlichkeit die Frage diskutiert, ob der Einsatz von Technologie im Kreißsaal nicht eingeschränkt werden solle. Die Bewegung für eine natürliche Entbindung, ohne Verwendung von Medikamenten und Betäubungsmitteln, fand immer mehr Anhänger, und der Gedanke kam auf, die Geburt eines Kindes sei eher ein normales Zeichen von Gesundheit und Wohlbefinden als ein medizinischer Befund, der wie eine Krankheit ärztlich behandelt werden müsse.

Die Theorie der Mutter-Kind-Bindung wurde zu dieser Zeit begeistert aufgenommen, denn man glaubte, die Geburt sei für Mutter und Kind eine außerordentlich wichtige seelische und körperliche Erfahrung.

Die Theorie war bald so populär, daß Krankenhäuser und medizinisches Personal sich gezwungen sahen, die Geburt eines Babys nicht mehr als Krankheit zu behandeln und den oft übertriebenen Einsatz von Hochtechnologie bei der Entbindung einzuschränken. Mütter gingen wieder dazu über, zu Hause zu entbinden, unter Aufsicht medizinisch und psychologisch geschulter Hebammen und Geburtshelfer, die bei möglichen Problemen während der Entbindung helfen konnten. Zentren für natürliche Geburt entstanden, in denen die Entbindung in einer gemütlichen, entspannten Umgebung stattfand, unter Aufsicht von Hebammen und Geburtshelfern, die darin geschult waren, sich auf den geistigen und seelischen Hintergrund einzustellen und bei möglichen Problemen während der Entbindung zu helfen.

Im Zuge dieser Bewegung weg von der Hochtechnologie war es bald ganz normal, daß Väter, für die bis dahin im Kreißsaal kein Platz gewesen war, bei der Entbindung ihres Babys nicht nur anwesend waren, sondern sogar als eine Art Geburtshelfer dabei mitwirkten, und während es in den Jahrzehnten davor üblich gewesen war, daß man Frauen während der Entbindung betäubte und das Baby nach der Geburt 24 Stunden lang auf der Säuglingsstation behielt, wurden die Mütter nun dazu veranlaßt, ihr Baby sofort nach der Geburt im Arm zu halten und sogar zu stillen. In vielen Krankenhäusern kamen die Babys gar nicht mehr in den Säuglingssaal, sondern blieben während des ganzen Aufenthaltes bei der Mutter.

Die Vorstellung, die ersten Stunden nach der Geburt seien für die Mutter-Kind-Beziehung besonders entscheidend, beeinflußte auch die Ärzte und Pflegekräfte, die kranke Neugeborene versorgten. Solche Babys hatte man bis dahin von den Eltern isoliert, doch nun erlaubten Ärzte und Krankenschwestern den Eltern, ihr Baby auf der Säuglingsintensivstation zu besuchen und sich sogar, wenn möglich, an seiner Pflege zu beteiligen.

All diese eindeutig positiven Veränderungen, die viel dazu beigetragen haben, daß Eltern sich mit ihrem Baby heute sicherer fühlen und viel sachkundiger sind, sind zumindest teilweise dem Einfluß dieser Theorie von der Mutter-Kind-Bindung zuzuschreiben. Dennoch ließ sich die Theorie nach weiteren Forschungen nicht mehr aufrechterhalten. Man verglich Mütter und Babys, die von der Geburt an zusammen waren, mit Müttern und Babys, die nach der Entbindung einige Tage getrennt worden waren, und fand keine wesentlichen Unterschiede in der Qualität der Beziehung. Zwar zeigten einige Studien, daß es sich kurzfristig positiv auswirkte, wenn Mutter und Neugeborenes nach der Entbindung zusammenblieben, doch wurden langfristige schädliche Wirkungen einer Trennung bei der Geburt nie festgestellt. Fachleute und Wissenschaftler sind sich heutzutage einig, daß es eine solche entscheidende Phase, in der Mutter und Baby besonders empfänglich füreinander sind, nicht gibt, und sie glauben sogar, daß die Liebe der Mutter jede Trennung nach der Geburt überwinden und ausgleichen kann. Untersuchungen haben gezeigt, daß sich die Beziehung zwischen Mutter und Baby nicht in Stunden und Tagen bildet, wie es die Theorie von Klaus und Kennell behauptete, sondern im Verlauf von Wochen und Monaten. Tatsächlich entwickelt sich die Bindung zwischen Mutter und Baby über das ganze erste Lebensjahr hinweg. Ist alles andere normal, dann entsteht diese Bindung, selbst wenn es im ersten Lebensjahr zu Trennungen kommt.

Das Wichtigste in der Entwicklung des Babys in seinem ersten Lebensjahr ist das Entstehen und Wachsen einer gesunden und stabilen Eltern-Kind-Beziehung, und alles, was sich im Verlauf dieses Jahres im Leben des Kindes und seiner Bezugspersonen ereignet, ist Teil dieses Prozesses. Wesentlich für die Herausbildung der psychologischen Grundlagen dieser Beziehung ist die wechselseitige Kommunikation, die stattfindet, wenn das Baby weint und die Eltern darauf reagieren.

Die Eltern-Kind-Beziehung

Vielleicht ist Ihnen aufgefallen, daß sich die Wissenschaft bei der Erforschung von Babys bis vor kurzem ausschließlich auf die Beziehung des Säuglings zu seiner Mutter konzentrierte. Obwohl dies zum Teil einfach eine kulturelle Übereinkunft ist, so ist die Mutter doch in den meisten Sozialordnungen, sogar in hochentwickelten, fast immer die wichtigste Bezugsperson des Kindes.

Die Fachliteratur befaßt sich fast ausnahmslos mit der Mutter-Kind-Beziehung, denn nur diese wurde eingehend untersucht. Ich hingegen glaube nicht unbedingt, die Mutter sei die einzige wichtige Bezugsperson des Babys, oder die stärkste Bindung des Kindes sei von vornherein die an die Mutter. Die wesentlichste Beziehung besteht meiner Meinung nach zu der Person, die sich um das Kind hauptsächlich kümmert und die man „Haupt-Mutter-Figur" nennen könnte. Ich ziehe darum den Begriff „Eltern-Kind-Beziehung" vor.

Das Bindungsverhalten von Säuglingen

Die Theorie vom Bindungsverhalten bei Säuglingen und der Mutter-Kind-Beziehung wurde von John Bowlby entwickelt, der behauptete, die Beziehung zwischen der Mutter und dem Baby in seinem ersten Lebensjahr bilde die Grundlage der menschlichen Entwicklung. Er begründete dies mit dem Verweis auf Jäger-und-Sammler-Kulturen, in denen das kleine Kind die besten Überlebenschancen hat, wenn es nahe bei Erwachsenen bleibt. Da Babys, die bis zum Erwachsenenalter überleben, den Fortbestand der Art und ihrer genetischen Besonderheiten garantieren, war Bowlby davon überzeugt, die Evolution begünstige beim Säugling das Verhalten, das einen Erwachsenen herbeirufe, ein Verhalten, das er Bindungsverhalten nannte.

Welcher Art ist nun dieses Bindungsverhalten, das in der Mutter-Kind-Beziehung beim Baby beobachtet werden kann? Die Verhaltensmuster, die in den ersten Lebensmonaten sichtbar werden, sind Weinen, Lächeln, Sich-Anklammern und Saugen. Wenn das Kind dann seine motorischen Fähigkeiten entwickelt, treten Krabbeln und Greifen in den Vordergrund, und während es sprechen lernt, ruft es die Mutter mit Babbeln und anderen Vokalisierungen herbei.

Auch das Lächeln ist eine Form des Bindungsverhaltens – und, wie Bowlby glaubt, eine besonders geniale. Das erste Mal lächelt das Baby ganz spontan, etwa im zweiten Lebensmonat, doch bald beginnt es als Reaktion auf den Anblick eines Gesichtes zu lächeln. Doch dies ist noch lange nicht alles. Bowlby vermutet, daß das Lächeln bei der Mutter eine ganze Folge von instinktiven, genetisch angelegten Verhaltensweisen auslöst – Streicheln, Auf-den-Arm-Nehmen, An-sich-Drücken und Sprechen. Man kann das Lächeln daher auch als wunderbaren Ausdruck der Verbundenheit von Mutter und Baby ansehen. Ist es nicht herrlich, wenn man diese Verbindung so deutlich sehen kann? Auch das Weinen – das Thema dieses Buches – ist eine äußerst wichtige Form des Bindungsverhaltens eines Babys.

Genaugenommen ist das Weinen in den ersten drei Lebensmonaten sogar das wirkungsvollste Mittel des Kindes überhaupt, die Mutter herbeizurufen. Wenn Sie immer noch Bedenken haben, Sie könnten das Baby durch Reagieren auf sein Weinen „verziehen", dann hilft es Ihnen vielleicht, wenn Sie verstehen, daß das Weinen ein angeborener Mechanismus ist, der sicherstellt, daß sich jemand um das Baby kümmert.

Bei der Erforschung dieses angeborenen Bindungsverhaltens kommt Bowlby zu dem Schluß, daß dieses nicht nur der Evolution, also dem Erhalt und dem Gedeihen der Gattung dient, sondern ebenso auch eine psychologische Funktion hat. Zusammengenommen stellen die Bindungssignale des Babys und die Reaktionen der Mutter die erste menschliche Beziehung im Leben des Kindes dar. Bowlby nennt sie die Mutter-Kind-Beziehung, und die Kommunikation, die dieser Beziehung zugrunde liegt, war Gegenstand dieses Buches.

Die Entwicklung der Mutter-Kind-Beziehung

Wenn Sie verstehen, wie sich diese erste Beziehung entwickelt, dann hilft Ihnen dies vielleicht bei Ihren Bemühungen, das Weinen Ihres Babys zu deuten. Die Entwicklung dieser Mutter-Kind-Beziehung gliedert sich in vier Phasen, wobei jede Phase einem bestimmten Grad der Herausbildung kognitiver (Denken) und motorischer (Bewegung) Fähigkeiten beim Kind entspricht.

Die erste Phase ist hier von besonderem Interesse, denn sie ist die Zeit, in der das Bauchwehsyndrom am häufigsten auftritt – die ersten drei Monate nach der Geburt. Das Sehvermögen des Babys ist in diesem Zeitraum noch zu schwach, um zwischen einzelnen Personen unterscheiden zu können, und das Kind hat auch noch nicht gelernt, besondere Geräusche oder Gerüche zu erkennen. Wenn das Baby ein Bedürfnis spürt, wie zum

Beispiel Hunger, dann wird es dies ganz instinktiv mit irgendeiner Form von Bindungsverhalten zeigen – indem es vielleicht zuerst starrt, dann lächelt, dann nervös wird und schließlich weint. Mit zunehmender Heftigkeit lösen diese instinktiven Handlungen die entsprechenden instinktiven Reaktionen bei der Mutter aus – zu dem Baby zu gehen und es zu füttern.

Auch wenn es Mütter waren, die bei den Untersuchungen beobachtet und erforscht wurden, so wendet sich das Baby in dieser Phase mit seinen Signalen dennoch nicht an eine besondere Person, noch nicht einmal an irgendeine beliebige Person. Das Baby wird ganz einfach von seinem Instinkt dazu getrieben, ins Unbekannte zu weinen, ohne zu begreifen, daß es dort Menschen gibt, die antworten können. Da es jedoch die Eltern sind, die die Signale des Babys erkennen und darauf reagieren, wird sich das Kind allmählich bewußt, daß es von seiner Umgebung gehört wird und darin geborgen ist. Anders gesagt, die Reaktionen der Eltern zeigen dem Kind, daß es jemanden gibt, der sein Weinen hört. Damit wird klar, daß Ihre Bereitschaft als Eltern, sich auf das Baby einzustellen, wesentlich mehr bedeutet als nur die Erfüllung der körperlichen Bedürfnisse des Kindes.

In der zweiten Phase der Beziehung, die zwischen dem vierten und sechsten Lebensmonat liegt, wird sich das Baby bewußt, daß es die Mutter (oder Haupt-Mutter-Figur) ist, die auf die meisten seiner Mitteilungen reagiert. Es ist nun in der Lage, zwischen verschiedenen Personen zu unterscheiden, und reagiert auf die Mutter anders als auf andere Menschen. Es lächelt auf ganz besondere Weise, wenn es die Mutter sieht, es weint ganz charakteristisch, wenn diese fortgeht, und es erkennt eindeutig Gesicht und Stimme der Mutter.

In der dritten Phase, im siebten und achten Monat, verfügt das Baby meist schon über erste Fortbewegungsfähigkeiten und kann nun die Nähe zur Mutter nicht nur durch Signale herstellen, sondern auch, indem es sich willkürlich auf sie zubewegt. In dieser Phase „fremdelt" das Baby, es weint, wenn eine unbekannte Person näher kommt oder wenn die Mutter fortgeht.

In der vierten Phase, die im neunten Lebensmonat beginnt, hat sich die Beziehung zwischen Mutter und Baby vollständig entwickelt – beide reagieren auf die Signale des anderen. Diese nun voll funktionsfähige Beziehung bildet die Grundlage für die weitere geistige und seelische Entwicklung des Kindes.

Ich habe hier dargestellt, wie sich die Mutter-Kind-Beziehung normalerweise entwickelt. Was geschieht jedoch, wenn dieser Prozeß nicht so verläuft, wie er sollte – wenn zum Beispiel die Signale des Babys nicht gehört werden? Diese Frage wurde in einem englischen Waisenhaus untersucht, wo die Babys nach einem bestimmten Programm versorgt wurden, ihr Bindungsverhalten jedoch völlig unbeachtet blieb. Ihr Lächeln oder ihr Weinen verschaffte ihnen weder Nähe, noch rief es sonst irgendeine Reaktion hervor. Die Folge war, daß die Kinder nicht mehr essen wollten, sich körperlich schlecht entwickelten und ein äußerst unausgeprägtes Sozialverhalten zeigten. Das Versagen ihrer Bezugspersonen, auf sie zu reagieren, war für die körperliche, geistige, seelische und soziale Entwicklung dieser Babys in jeder Hinsicht eine Katastrophe.

Die Analyse der Mutter-Kind-Beziehung

Wir haben nun die gesunde Mutter-Kind-Beziehung betrachtet, wie sie Bowlby dargestellt hat, und ebenso gesehen, was die traurigen Folgen sind, wenn eine solche Beziehung überhaupt nicht stattfindet. Doch gibt es auch Abstufungen zwischen diesen beiden Extremen? Welchen Einfluß hat es auf die Mutter-Kind-Beziehung, wenn Eltern nur eingeschränkt fähig sind, auf das Baby zu reagieren? Unterstützt von John Bowlbys Theorien machte sich die Wissenschaftlerin Mary D.

Salter Ainsworth mit ihren Kollegen daran, diese allererste menschliche Beziehung umfassend zu analysieren und stellte dabei fest, wie es sich auf die Qualität der Beziehung auswirkt, wenn Eltern für die Signale ihres Kindes nur bedingt empfänglich sind.

Zuerst verglich man die Stabilität der Mutter-Kind-Beziehung bei verschiedenen Paaren von Müttern und Babys (eine vergleichbare Studie, die auch Väter miteinbezog, wurde bislang nicht durchgeführt). In einem Versuch wurden die Babys einer maßvoll belastenden Situation ausgesetzt, der Anwesenheit eines Fremden:

1. Ein Fremder (der Versuchsleiter) bringt Mutter und Kind in einen Raum und geht wieder hinaus.

2. Die Mutter sitzt erst passiv im Raum und läßt das Baby tun, was es will; dann ermuntert sie das Kind, mit dem vorhandenen Spielzeug zu spielen.

3. Der Fremde kommt wieder herein und versucht, Kontakt zu dem Baby aufzunehmen.

4. Die Mutter geht aus dem Zimmer.

5. Der Fremde verläßt den Raum, die Mutter kommt wieder herein.

6. Die Mutter versucht noch einmal, das Interesse des Babys für das Spielzeug zu wecken.

7. Die Mutter verläßt das Zimmer.

8. Der Fremde kommt zurück und wendet sich wieder dem Baby zu.

9. Der Fremde verläßt den Raum, und die Mutter kommt zurück.

Während des gesamten Versuches wurden die Reaktionen des Babys durch eine Einwegscheibe mit Hilfe der folgenden Fragen genau beobachtet:

- Erkundet das Baby furchtlos den Raum oder bleibt es eng bei der Mutter?

- Ist das Baby für den Fremden zugänglich oder hat es Angst vor ihm?

- Spielt das Baby, wenn es mit dem Fremden allein ist, oder zeigt es Angst oder ist es unruhig, weil die Mutter nicht da ist?

- Möchte das Baby schnell wieder bei der Mutter sein, wenn diese hereinkommt, oder ignoriert es sie oder weint es vielleicht?

- Wie reagiert das Baby während des zweiten Zyklus, den Schritten 8 und 9?

Durch Beantwortung dieser und ähnlicher Fragen gelang es den Forschern, die beobachteten Mutter-Kind-Beziehungsmuster in drei Gruppen zu gliedern. Die erste Gruppe bestand aus den Babys, deren Beziehung zur Mutter stabil und zuverlässig war. Wenn diese Kinder mit dem Fremden allein im Raum waren, war ihr reges Verlangen, mit der Mutter wieder vereint zu sein, eindeutig zu erkennen. Sie bemühten sich, zur Mutter zu gelangen, wenn diese zurückkam, zeigten ein deutliches Bindungsverhalten und reagierten mit Freude, wenn die Mutter sie auf den Arm nahm und hielt. Wenn solche Babys mit ihrer Mutter allein im Zimmer waren, fühlten sie sich sicher genug, im Raum umherzukrabbeln und ihre neue Umgebung zu erkunden.

In der zweiten Gruppe war die Mutter-Kind-Beziehung hochgradig gestört. Diese Babys zeigten keine Anzeichen von Streß, wenn die Mutter den Raum verließ, und beachteten sie nicht oder wichen ihr aus, wenn sie zurückkam. Auch in der dritten Gruppe war die Beziehung gestört, jedoch nicht so schwerwiegend wie in der zweiten. Die Babys dieser Gruppe schienen die Mutter zu vermissen und sich nach ihr zu sehnen, zeigten jedoch Anzeichen von Ambivalenz und sogar Widerstand, wenn die Mutter wieder bei ihnen war. Wenn diese Babys mit der Mutter allein im Raum waren, dann machten sie sich nicht daran, die Umgebung zu erkunden, wie es die Babys der ersten Gruppe taten, sondern klammerten sich an die Mutter und wichen nicht von ihrer Seite.

Aus den Beobachtungen dieser Versuche lassen sich zwei Zustände – die sichere und die unsichere Mutter-Kind-Beziehung – wie folgt zusammenfassen:

**Babys mit sicherer
Mutter-Kind-Beziehung:**

1. Nutzen die Mutter als sicheren Ausgangspunkt zur Erforschung ihrer Umgebung.

2. Zeigen Anzeichen von Streß, wenn die Mutter den Raum verläßt.

3. Versuchen aktiv, zur Mutter zu kommen, wenn diese zurückkehrt.

4. Sind sich daheim immer bewußt, wo sich die Mutter gerade aufhält, und folgen ihr von Zimmer zu Zimmer. (Dies wurde im nachfolgend beschriebenen zweiten Teil der Studie beobachtet.)

5. Leiden gewöhnlich nicht unter zuviel Kummer und Streß, wenn die Mutter den Raum verläßt und sie nicht folgen können.

**Babys mit unsicherer
Mutter-Kind-Beziehung:**

1. Klammern sich entweder die ganze Zeit an die Mutter oder beachten sie überhaupt nicht.

2. Reagieren entweder verzweifelt und ärgerlich oder apathisch und teilnahmslos, wenn die Mutter den Raum verläßt.

3. Zeigen Ärger und Ambivalenz, wenn die Mutter zurückkommt, oder beachten sie nicht und weichen ihr aus.

4. Klammern sich zu Hause entweder ständig an die Mutter und reagieren auf ihr Fortgehen mit hochgradigem Streß oder sind scheinbar nicht fähig, Kontakt zu ihr zu finden und Zuneigung zu zeigen, so daß eine Bindung an die Mutter überhaupt nicht zu erkennen ist.

Damit hatte Mary D. S. Ainsworth eine detaillierte Beschreibung der normalen und der anormalen Mutter-Kind-Beziehung bei Babys im Alter von einem Jahr gewonnen. Als nächsten Schritt ließ man die Mütter zu Hause beobachten, um herausfinden, welches Verhalten der Mutter eine sichere Beziehung hervorbrachte und worauf eine unsichere Beziehung zurückzuführen war. Anhand der Beobachtungen, die ein ganzes Jahr lang durchgeführt wurden, wurde das Verhalten der Mütter analysiert und mit der Stabilität der Beziehung zum Kind verglichen:

**Mütter von Babys mit sicherer
Mutter-Kind-Beziehung:**

1. Konnten sich in ihr Baby sehr gut einfühlen und waren dadurch psychisch weitaus zugänglicher als die Mütter der anderen Gruppe.

2. Bemühten sich, die Welt vom Standpunkt ihres Babys zu sehen, um sich auf die Bedürfnisse des Kindes einstellen zu können, was zeigt, daß sie bestrebt waren, die Botschaften des Babys zu verstehen.

3. Nahmen die Signale ihres Babys wahr und reagierten sofort darauf.

4. Ließen es ohne Zorn oder Ärger zu, wenn das Verhalten ihres Babys störend oder nervenaufreibend war.

5. Behandelten ihr Baby als eigenständige Persönlichkeit mit eigenem Temperament und Charakter und eigenen Bedürfnissen.

6. Bemühten sich, Situationen zu vermeiden, die zu Konflikten geführt hätten, waren im

Falle eines Konflikts aber in der Lage, diesen geduldig und einfühlsam zu lösen.

Mütter von Babys mit unsicherer Mutter-Kind-Beziehung:

1. Schienen für das Baby unzugänglich zu sein und zeigten kaum Einfühlungsvermögen.

2. Nahmen die Signale des Babys entweder nicht wahr oder ignorierten sie oft, wenn sie sie erkannten.

3. Reagierten auf das Baby in einer Art, die ganz von ihren eigenen Stimmungen und Betätigungen abhing.

4. Zeigten keinerlei Achtung für die Individualität ihres Babys, sondern versuchten vielmehr, dem Baby ihren eigenen Willen aufzuzwingen.

5. Wurden ärgerlich und gereizt, wenn sich das Baby störend oder nervenaufreibend verhielt.

Daß es zu großen Schwierigkeiten in der Beziehung zum Kind führt, wenn sich jemand – und dies gilt auch für den Vater – in der zuletzt beschriebenen Weise verhält, würde wohl kaum jemand bestreiten. Aus dem oben dargestellten Verhalten lassen sich, glaube ich, einige Schlußfolgerungen ziehen über die Erwartungen von Eltern, deren Babys eine unsichere Mutter-Kind-Beziehung zeigen. So dürfen wir zum Beispiel annehmen, daß die Eltern glaubten, ihr Leben werde sich mit dem Baby kaum oder gar nicht ändern, als sie sich entschlossen, ein Kind zu bekommen. Als das Baby kam, wußten sie von vornherein, was es brauchte und wie sie mit ihm umzugehen hatten, und glaubten, bestimmen zu können, wann und wie lange das Baby schlafen würde, wann es essen würde und sogar, wann und wie das Kind spielen würde. Sie rechneten nicht damit, daß das Baby ein eigenes, durch keine Disziplinierungsmaßnahmen

zu änderndes Temperament haben würde, und wußten nichts von den Gesetzmäßigkeiten, nach denen ein Kind sich entwickelt, und den Grenzen dessen, was es tun und lernen kann. Diese Eltern glaubten zweifellos, der Grund dafür, daß ein Baby nachts durchschlafe und sich im regelmäßigen Vier-Stunden-Rhythmus füttern lasse, sei der, daß seine Eltern fest und entschlossen seien, während ein Baby, das nachts immer wieder erwache und häufig und unregelmäßig Hunger bekomme, undisziplinierte und nachgiebige Eltern habe.

Sandy und Herb zum Beispiel baten mich im Rahmen einer Schwangerschaftsuntersuchung um fachmännischen Rat zu einem Streit, den sie miteinander hatten. Es waren noch etwa sechs Wochen bis zur Geburt des Babys, und sie waren mit vorbereitenden Arbeiten im Haus beschäftigt. Der Anlaß ihres Streits waren einige wertvolle Glaswaren, die sie im Wohnzimmer auf einem niedrigen Kaffeetisch stehen hatten. Herb war der Meinung gewesen, die Gegenstände sollten gleich nach der Geburt des Babys an einen sicheren Ort gestellt werden, da das Baby, sobald es zu krabbeln anfange, von dem Glas angelockt werde.

Sandy war empört über die Idee, die Glaswaren an einen anderen Ort zu stellen. „Die bleiben genau dort, wo sie sind", beharrte sie. „Wir werden dem Baby beibringen, sie nicht anzufassen. Das ist doch die beste Gelegenheit, Grenzen zu setzen und ein für allemal klarzustellen, was Nein bedeutet!"

Ich war der gleichen Meinung wie der Vater und erklärte, es sei unrealistisch, zu erwarten, ein krabbelndes acht Monate altes Baby könne die Selbstbeherrschung lernen, die Sandy sich vorstellte. Ich gab den beiden zu bedenken, ihr Lebensstil werde sich nach Ankunft des Babys beträchtlich ändern müssen. Vielleicht hätte ich nicht überrascht sein sollen, als Sandy und Herb daraufhin den Kinderarzt wechselten.

Eltern eines Babys mit sicherer Mutter-Kind-Beziehung verstehen, daß ihr Kind ein Wesen mit eigenem Temperament und einer einzigartigen Persönlichkeit ist, das man nicht dazu zwingen kann, irgendwelchen Vorstellungen vom perfekten Baby zu entsprechen, und dessen natürliche Entwicklung sich nicht mit Gewalt beschleunigen läßt; und weil das Baby einzigartig ist, werden die Eltern – schon von den ersten Tagen an – seine Nöte, Wünsche, Neigungen und Abneigungen erkennen, indem sie die Signale des Babys verstehen. Sie werden lernen, was sie zu tun haben, wenn das Baby zeigt, daß es Hunger hat, und nicht auf einem Stundenplan bestehen, nur weil er für sie praktisch ist.

Sie bringen das Baby zu Bett, wenn es müde ist, und nicht, wenn sie einen freien Abend haben wollen. Sie werden das Haus „babysicher" machen, damit das Baby, wenn es krabbelt, ungehindert herumwandern kann. All dies ist jedoch nur möglich, wenn die Eltern von Anfang an verstehen, daß ihr Baby eine eigene Persönlichkeit ist.

Erinnern Sie sich noch an die erste Phase der Mutter-Kind-Beziehung?

In dieser Zeit, den ersten drei Lebensmonaten, schickt das Baby Signale in ein undifferenziertes Universum hinaus; es ist noch nicht fähig, Menschen zu erkennen oder Unterschiede in seiner Umgebung wahrzunehmen. Die Eltern reagieren und lassen damit bei dem Kind das Gefühl wachsen, von der Umwelt gehört zu werden, einer Umwelt, in der das Baby sich mit der Erfahrung, daß seine Botschaften beantwortet werden, geborgen fühlt. Eltern, die versuchen, das Baby ihren Erwartungen gemäß umzuformen, verstehen die Signale des Kindes nicht und fördern in ihm kein Gefühl von Geborgenheit, sondern vielmehr einen Zustand ständiger Angst. Bei einem sehr kleinen Baby ist diese Angst eine wortlose Empfindung von Furcht: „Ich bin hungrig. Werde ich zu essen bekommen?" oder „Ich bin allein. Wird jemand kommen?" Dieses Baby wird ganz instinktiv lange und heftig weinen, damit seine Bedürfnisse gestillt werden.

Ich habe immer wieder betont, wie wichtig die Rolle ist, die das individuelle Tempera-

ment des Babys in der Eltern-Kind-Beziehung spielt, und ich möchte darum auf die eben beschriebene chronische Angst von Babys, deren besondere Bedürfnisse nicht versorgt werden, noch einmal näher eingehen. Bei einem unkomplizierten Baby, das ganz von selbst regelmäßige Eß- und Schlafgewohnheiten entwickelt, wird die Beziehung unter Umständen nicht beeinträchtigt, wenn die Eltern nicht fähig sind, sich auf das Kind einzustellen. Ein solches Baby mag so anpassungsfähig sein, daß es sich sogar dann gut entwickelt, wenn die Eltern nur selten und zufällig einmal richtig reagieren. Problematisch ist die Kombination von Eltern, die versuchen, das Baby zu disziplinieren, und einem hartnäckigen Baby mit unregelmäßigen Gewohnheiten und großen Bedürfnissen. Sie wissen schon, daß es die gleiche Kombination aus elterlichen Erwartungen und davon abweichendem Verhalten des Babys ist, auf der ein Bauchwehsyndrom gedeiht.

Bei ihrer Untersuchung der Mutter-Kind-Beziehung im Haushalt der Versuchsteilnehmer beobachtete Frau Ainsworth auch, wie die Mütter ihre Babys fütterten und auf ihr Weinen reagierten, und die Ergebnisse bestätigten, daß bei den meisten Mutter-Kind-Paaren, deren Beziehung als sicher eingestuft wurde, die Babys auf Verlangen gefüttert wurden. Sogar noch interessanter ist jedoch, was Frau Ainsworth über das Weinen herausfand. Aus den Daten ihrer Studie geht hervor, daß die Babys, deren Mütter das Weinen in den ersten drei Monaten meist ignoriert hatten, in den letzten drei Monaten des ersten Lebensjahres mehr weinten als die Babys, deren Mütter auf das Weinen reagiert hatten. Mit anderen Worten, die Studie von Frau Ainsworth widerlegt die Theorie des „Verziehens" und beweist, daß man kein Baby heranzieht, das immer mehr weint und „fordert", wenn man auf sein Weinen eingeht, sondern vielmehr eines, das im Laufe der Zeit immer weniger weint. Meine eigenen Studien bestätigen diesen Befund: wenn man ein Baby weinen läßt, verursacht man noch mehr Weinen;

wenn man das Weinen des Babys als Mitteilung versteht und entsprechend reagiert, dann läßt das Weinen nach.

Was also ist der Schlüssel zu einer sicheren, stabilen Eltern-Kind-Beziehung? Die Bereitschaft, auf das Kind einzugehen – zugleich der Schlüssel zur Heilung und Verhütung des „Bauchwehs". Die Arbeiten von Frau Ainsworth zeigen, daß in den ersten drei Lebensmonaten eine Bindung entsteht und daß das Kind dabei lernt, daß es von seiner Umwelt wirklich gehört wird. In der gleichen Zeit lernen die Eltern durch Beobachtung und Erfahrung, wie sie auf das Weinen des Kindes richtig reagieren. Die Tatsache, daß Sie über das Ausmaß des Weinens Ihres Babys beunruhigt sind und dieses Buch lesen, um zu erfahren, was es bedeutet, zeigt, daß Sie schon tatkräftig darum bemüht sind, auf das Weinen zu antworten. Indem Sie Ihr Baby kennenlernen und sein Weinen verstehen wollen und dazu dieses Buch zu Hilfe nehmen, tun Sie genau das, was in den ersten drei Lebensmonaten notwendig ist. Es ist jedoch entscheidend, daß Sie versuchen, das „Bauchweh" zu verhüten oder zu beenden, bevor es zu einem ernsten Problem wird, das der Eltern-Kind-Beziehung schadet.

Nach dem ersten Lebensjahr

Die Idee von Frau Ainsworth, Babys mit Fremden zusammenzubringen, wurde von anderen Forschern in einer Reihe von Studien verwendet, in denen die Qualität der Mutter-Kind-Beziehung bei eineinhalbjährigen Babys untersucht wurde. Die Entwicklung der betreffenden Kinder wurde dann bis zum sechsten Lebensjahr weiterverfolgt, um herauszufinden, in welchem Verhältnis die Stabilität der Mutter-Kind-Beziehung zur Persönlichkeit und psychischen Reifung der Kinder steht. Die Ergebnisse waren vorauszusehen, sind jedoch gleichwohl interessant.

Im Alter von 18 bis 24 Monaten waren Babys mit sicherer Mutter-Kind-Beziehung wesentlich fähiger, sich von selbst zu beruhigen, als Babys mit ungenügender Mutterbindung. Beim Spiel zeigten diese Kinder mehr Phantasie und setzten sie erfolgreicher ein, ein wichtiger Schritt in der kognitiven Entwicklung. Die 21 Monate alten Babys mit sicherer Bindung waren ihren Müttern gegenüber kooperativer und zeigten ein reiferes Verhalten. In psychologischen Tests stellte sich heraus, daß diese Babys selbstbewußter waren als die Kinder mit unsicherer Bindung, eine wichtige Voraussetzung zum Erlernen von Intelligenz. Im Alter von zwei Jahren waren die Kinder mit sicherer Mutterbindung selbständiger und eigenverantwortlicher als die übrigen Kleinkinder.

Dieses Muster setzte sich fort bis zum sechsten Lebensjahr. Alle Fähigkeiten, die Kinder brauchen, um ihre Welt zu meistern – Wißbegier, Spaß am Spiel, Ich-Stärke, Kontaktfreudigkeit, Rücksicht, Anteilnahme, Intelligenz – waren bei den Kindern, die eine sichere Bindung an die Mutter hatten, stärker ausgebildet als bei den Kindern, deren Mutterbindung als unsicher eingestuft war.

Diese Erörterung der Eltern-Kind-Beziehung bedarf noch einer letzten Anmerkung, einer vorsichtigen Einschränkung. Auch wenn wir durch Forschungen, bei denen viele Fälle untersucht und Ursachen und Auswirkungen analysiert werden, eine Menge erfahren über eine Gruppe als Ganzes, so wissen wir dadurch doch sehr wenig über die einzelne Person. Dies bedeutet, daß es bei jeder Studie auch einjährige Babys mit einer sicheren Mutterbindung gab, die bei späteren Tests nicht die größten Leistungen oder den höchsten Entwicklungsstand zeigten; genauso gab es auch Kinder, deren Bindung als unsicher eingestuft war und die dennoch der Star ihrer Gruppe waren.

Was führt zu diesen Abweichungen von der vorhergesagten Norm? Der beständigste Wesenszug des Menschen ist seine Einzigartigkeit, und es ist die Eigenschaft, die viele von uns am meisten schätzen. Das innere Wesen des Kindes wächst aus vielen, vielen einzelnen Teilen, und fast grenzenlos sind die äußeren Umstände, die ein Kind ebenso beeinflussen – Geschwister, Familienleben, Schule, Spielkameraden usw. Alles kann hier geschehen, und alles, was geschieht, wird sich auf das Kind und jeden anderen im Haushalt auswirken. Ich glaube nicht, daß der gesamte Verlauf der Entwicklung eines Kindes in den ersten wenigen Tagen seines Lebens festgelegt wird, und ich glaube genausowenig, daß seine Entwicklung nur von dem bestimmt wird, was in seinem ersten Jahr geschieht. Wir können uns als Eltern kein besseres Ziel setzen, als soviel wie möglich über Babys und unsere Beziehung zu ihnen zu lernen und uns zu bemühen, das Bestmögliche zu tun.

Überfordern Sie sich nicht!

Ich habe in diesem Buch immer wieder betont, wie entscheidend es ist, daß Sie auf das Weinen Ihres Babys richtig und zutreffend reagieren. Dieses Kapitel jedoch, in dem ich so viel wieder eingeschränkt habe, möchte ich mit der vielleicht umfassendsten Einschränkung überhaupt beenden: es ist wichtig, sich immer vor Augen zu halten, daß es nicht jedes Mal gelingen wird, das Weinen des Babys richtig zu verstehen; es wird Momente geben, in denen Sie einfach vor einem Rätsel stehen und nicht erkennen, was Ihr Baby braucht, und genauso wird es Zeiten geben, in denen Sie es nicht schaffen, so schnell zu reagieren, wie Sie vielleicht möchten, nicht, weil Sie das Weinen nicht verstehen, sondern weil die Umstände Sie daran hindern.

Denken Sie in solchen Momenten bitte daran, daß Sie sich nach bestem Können bemühen, daß Sie Ihr Baby lieben und daß das, was Sie tun, ein Ausdruck Ihrer Liebe ist. Es wird Ihr Baby nicht dauerhaft schädigen, wenn es gelegentlich einmal über ein ungestilltes Bedürfnis weint, ebensowenig, wie Ihr eigenes Wohlbefinden von einer vorübergehenden Enttäuschung langfristig beeinträchtigt wird. Wichtiger als vereinzeltes Weinen ist Ihre grundsätzliche Einstellung dem Kind und seinen Bedürfnissen gegenüber. Vergessen Sie nie, daß das Weinen eine Mitteilung ist, und genießen Sie es in diesen ersten aufregenden Monaten, Ihr Baby nach und nach kennenzulernen und Ihre Beziehung zu ihm wachsen zu sehen.

12-Stunden-Tagebuchseite

Name

Wochentag/Datum

Aktivitätscode

S	=	Schläft allein (wird nicht gehalten)
SH	=	Schläft und wird gehalten
F	=	Wird gefüttert
WAG	=	Ist wach, allein und glücklich
		(im Kinderbett, in der Wiege, im Babystuhl usw., wird jedoch nicht gehalten)
WAW	=	Ist wach, allein und weint
WHG	=	Ist wach, wird gehalten und ist glücklich
WHW	=	Ist wach, wird gehalten und weint
(T)	=	Wird herumgetragen
(W)	=	Wird gewiegt
B	=	Wird gebadet
(S)	=	Saugt am Schnuller

Stunde	Anfangs- zeit	Aktivität	Weinen in Minuten
0			
1			
2			
3			
4			
5			
6			
7			
8			
9			
10			
11			

Gesamtdauer des Weinens in Minuten:

12-Stunden-Tagebuchseite

Name _____

Wochentag/Datum _____

Aktivitätscode

S	=	Schläft allein (wird nicht gehalten)
SH	=	Schläft und wird gehalten
F	=	Wird gefüttert
WAG	=	Ist wach, allein und glücklich
		(im Kinderbett, in der Wiege, im Babystuhl usw., wird jedoch nicht gehalten)
WAW	=	Ist wach, allein und weint
WHG	=	Ist wach, wird gehalten und ist glücklich
WHW	=	Ist wach, wird gehalten und weint
(T)	=	Wird herumgetragen
(W)	=	Wird gewiegt
B	=	Wird gebadet
(S)	=	Saugt am Schnuller

Stunde	Anfangs-zeit	Aktivität	Weinen in Minuten
12			
13			
14			
15			
16			
17			
18			
19			
20			
21			
22			
23			

Gesamtdauer des Weinens in Minuten: ☐

12-Stunden-Tagebuchseite

Name _____

Wochentag/Datum _____

Aktivitätscode

S	=	Schläft allein (wird nicht gehalten)
SH	=	Schläft und wird gehalten
F	=	Wird gefüttert
WAG	=	Ist wach, allein und glücklich
		(im Kinderbett, in der Wiege, im Babystuhl usw., wird jedoch nicht gehalten)
WAW	=	Ist wach, allein und weint
WHG	=	Ist wach, wird gehalten und ist glücklich
WHW	=	Ist wach, wird gehalten und weint
(T)	=	Wird herumgetragen
(W)	=	Wird gewiegt
B	=	Wird gebadet
(S)	=	Saugt am Schnuller

Stunde	Anfangs-zeit	Aktivität	Weinen in Minuten
0			
1			
2			
3			
4			
5			
6			
7			
8			
9			
10			
11			

Gesamtdauer des Weinens in Minuten: ☐

12-Stunden-Tagebuchseite

Name

Wochentag/Datum

Aktivitätscode

S	=	Schläft allein (wird nicht gehalten)
SH	=	Schläft und wird gehalten
F	=	Wird gefüttert
WAG	=	Ist wach, allein und glücklich
		(im Kinderbett, in der Wiege, im Babystuhl usw., wird jedoch nicht gehalten)
WAW	=	Ist wach, allein und weint
WHG	=	Ist wach, wird gehalten und ist glücklich
WHW	=	Ist wach, wird gehalten und weint
(T)	=	Wird herumgetragen
(W)	=	Wird gewiegt
B	=	Wird gebadet
(S)	=	Saugt am Schnuller

Stunde	Anfangs-zeit	Aktivität	Weinen in Minuten
12			
13			
14			
15			
16			
17			
18			
19			
20			
21			
22			
23			

Gesamtdauer des Weinens in Minuten:

12-Stunden-Tagebuchseite

Name

Wochentag/Datum

Aktivitätscode

S	=	Schläft allein (wird nicht gehalten)
SH	=	Schläft und wird gehalten
F	=	Wird gefüttert
WAG	=	Ist wach, allein und glücklich
		(im Kinderbett, in der Wiege, im Babystuhl usw., wird jedoch nicht gehalten)
WAW	=	Ist wach, allein und weint
WHG	=	Ist wach, wird gehalten und ist glücklich
WHW	=	Ist wach, wird gehalten und weint
(T)	=	Wird herumgetragen
(W)	=	Wird gewiegt
B	=	Wird gebadet
(S)	=	Saugt am Schnuller

Stunde	Anfangs-zeit	Aktivität	Weinen in Minuten
0			
1			
2			
3			
4			
5			
6			
7			
8			
9			
10			
11			

Gesamtdauer des Weinens in Minuten:

12-Stunden-Tagebuchseite

Name

Wochentag/Datum

Aktivitätscode

S   =   Schläft allein (wird nicht gehalten)
SH   =   Schläft und wird gehalten
F   =   Wird gefüttert
WAG   =   Ist wach, allein und glücklich
            (im Kinderbett, in der Wiege, im Babystuhl usw., wird jedoch nicht gehalten)
WAW   =   Ist wach, allein und weint
WHG   =   Ist wach, wird gehalten und ist glücklich
WHW   =   Ist wach, wird gehalten und weint
(T)   =   Wird herumgetragen
(W)   =   Wird gewiegt
B   =   Wird gebadet
(S)   =   Saugt am Schnuller

Stunde	Anfangs-zeit	Aktivität	Weinen in Minuten
12			
13			
14			
15			
16			
17			
18			
19			
20			
21			
22			
23			

Gesamtdauer des Weinens in Minuten:

12-Stunden-Tagebuchseite

Name

Wochentag/Datum

Aktivitätscode

S	=	Schläft allein (wird nicht gehalten)
SH	=	Schläft und wird gehalten
F	=	Wird gefüttert
WAG	=	Ist wach, allein und glücklich
		(im Kinderbett, in der Wiege, im Babystuhl usw., wird jedoch nicht gehalten)
WAW	=	Ist wach, allein und weint
WHG	=	Ist wach, wird gehalten und ist glücklich
WHW	=	Ist wach, wird gehalten und weint
(T)	=	Wird herumgetragen
(W)	=	Wird gewiegt
B	=	Wird gebadet
(S)	=	Saugt am Schnuller

Stunde	Anfangs-zeit	Aktivität	Weinen in Minuten
0			
1			
2			
3			
4			
5			
6			
7			
8			
9			
10			
11			

Gesamtdauer des Weinens in Minuten:

12-Stunden-Tagebuchseite

Name
_____

Wochentag/Datum
_____

Aktivitätscode

S   = Schläft allein (wird nicht gehalten)
SH   = Schläft und wird gehalten
F   = Wird gefüttert
WAG = Ist wach, allein und glücklich
        (im Kinderbett, in der Wiege, im Babystuhl usw., wird jedoch nicht gehalten)
WAW = Ist wach, allein und weint
WHG = Ist wach, wird gehalten und ist glücklich
WHW = Ist wach, wird gehalten und weint
(T) = Wird herumgetragen
(W) = Wird gewiegt
B   = Wird gebadet
(S) = Saugt am Schnuller

Stunde	Anfangs-zeit	Aktivität	Weinen in Minuten
12			
13			
14			
15			
16			
17			
18			
19			
20			
21			
22			
23			

Gesamtdauer des Weinens in Minuten:

12-Stunden-Tagebuchseite

Name _____

Wochentag/Datum _____

Aktivitätscode

S	=	Schläft allein (wird nicht gehalten)
SH	=	Schläft und wird gehalten
F	=	Wird gefüttert
WAG	=	Ist wach, allein und glücklich
		(im Kinderbett, in der Wiege, im Babystuhl usw., wird jedoch nicht gehalten)
WAW	=	Ist wach, allein und weint
WHG	=	Ist wach, wird gehalten und ist glücklich
WHW	=	Ist wach, wird gehalten und weint
(T)	=	Wird herumgetragen
(W)	=	Wird gewiegt
B	=	Wird gebadet
(S)	=	Saugt am Schnuller

Stunde	Anfangs-zeit	Aktivität	Weinen in Minuten
0			
1			
2			
3			
4			
5			
6			
7			
8			
9			
10			
11			

Gesamtdauer des Weinens in Minuten: ☐

12-Stunden-Tagebuchseite

Name

Wochentag/Datum

Aktivitätscode

S	=	Schläft allein (wird nicht gehalten)
SH	=	Schläft und wird gehalten
F	=	Wird gefüttert
WAG	=	Ist wach, allein und glücklich
		(im Kinderbett, in der Wiege, im Babystuhl usw., wird jedoch nicht gehalten)
WAW	=	Ist wach, allein und weint
WHG	=	Ist wach, wird gehalten und ist glücklich
WHW	=	Ist wach, wird gehalten und weint
(T)	=	Wird herumgetragen
(W)	=	Wird gewiegt
B	=	Wird gebadet
(S)	=	Saugt am Schnuller

Stunde	Anfangs-zeit	Aktivität	Weinen in Minuten
12			
13			
14			
15			
16			
17			
18			
19			
20			
21			
22			
23			

Gesamtdauer des Weinens in Minuten:

12-Stunden-Tagebuchseite

Name

Wochentag/Datum

Aktivitätscode

S   =   Schläft allein (wird nicht gehalten)
SH   =   Schläft und wird gehalten
F   =   Wird gefüttert
WAG =   Ist wach, allein und glücklich
          (im Kinderbett, in der Wiege, im Babystuhl usw., wird jedoch nicht gehalten)
WAW =   Ist wach, allein und weint
WHG =   Ist wach, wird gehalten und ist glücklich
WHW =   Ist wach, wird gehalten und weint
(T)   =   Wird herumgetragen
(W)   =   Wird gewiegt
B   =   Wird gebadet
(S)   =   Saugt am Schnuller

Stunde	Anfangs-zeit	Aktivität	Weinen in Minuten
0			
1			
2			
3			
4			
5			
6			
7			
8			
9			
10			
11			

Gesamtdauer des Weinens in Minuten:

12-Stunden-Tagebuchseite

Name

Wochentag/Datum

Aktivitätscode

S	=	Schläft allein (wird nicht gehalten)
SH	=	Schläft und wird gehalten
F	=	Wird gefüttert
WAG	=	Ist wach, allein und glücklich
		(im Kinderbett, in der Wiege, im Babystuhl usw., wird jedoch nicht gehalten)
WAW	=	Ist wach, allein und weint
WHG	=	Ist wach, wird gehalten und ist glücklich
WHW	=	Ist wach, wird gehalten und weint
(T)	=	Wird herumgetragen
(W)	=	Wird gewiegt
B	=	Wird gebadet
(S)	=	Saugt am Schnuller

Stunde	Anfangs-zeit	Aktivität	Weinen in Minuten
12			
13			
14			
15			
16			
17			
18			
19			
20			
21			
22			
23			

Gesamtdauer des Weinens in Minuten:

Über den Autor

Dr. Bruce Taubman hat sein Studium an der Universität von Wisconsin und am Albert Einstein College of Medicine absolviert. Er praktiziert in der Abteilung für Innere Medizin des Kinderkrankenhauses von Philadelphia und in der Abteilung für Kinderheilkunde an der medizinischen Fakultät der Universität von Pennsylvania. Er hat außerdem eine eigene Praxis als Kinderarzt in Cherry Hill, New Jersey. Seine Studien zum „Bauchweh" bei Babys wurden in den USA in zahlreichen Fachzeitschriften und anderen Veröffentlichungen vorgestellt.

Ein unentbehrlicher Begleiter für junge Eltern

Christine Schilte · Françoise Auzouy

Das Wunder der ersten Jahre

Ihr Kind von 0 bis 3 Jahre

Christine Schilte / Françoise Auzouy
Das Wunder der ersten Jahre
Ihr Kind von 0 bis 3 Jahre
Ein Überblick über die Entwicklung des
Kindes von 0 bis 3 Jahre mit vielen
praktischen Tips.
ISBN 3-473-**42380**-7

Dieses Buch behandelt das wohl intensivste Erlebnis eines Paares – Eltern werden.
Entstanden im ständigen Austausch mit Eltern, Kinderärzten, Psychologen und Spezialisten für Kleinkinder, gibt es Antwort auf alle Fragen, die sich im Laufe des Zusammenlebens mit ihrem Kind in den ersten drei Lebensjahren stellen können.
Die einzelnen Entwicklungsschritte werden übersichtlich aufgezeigt, eine Altersskala am rechten Buchrand erleichtert das Auffinden der jeweiligen Entwicklungsstufe.